Thich Nhat Hanh

Jeden Augenblick genießen

Der Autor

Thich Nhat Hanh, geb. 1926 in Vietnam, buddhistischer Mönch, Zen-Meister, Poet und Friedensaktivist. Er lebt im französischen Plum-Village. Nach dem Dalai Lama gilt er als der bekannteste Buddhist im deutschsprachigen Raum. Bei Herder u.a.: Worte der Achtsamkeit; Quelle der Liebe; Jesus und Buddha – ein Dialog der Liebe.

Thich Nhat Hanh

Jeden Augenblick genießen

Übungen zur Achtsamkeit

HERDER

FREIBURG · BASEL · WIEN

MIX
Papier aus verantwortungsvollen Quellen
FSC® C014496

www.herder.de

Umschlaggestaltung: Agentur IDee
Umschlagmotiv: © styf / AdobeStock

Satz: Ingeburg Zoschke
Herstellung: GGP Media GmbH, Pößneck

Printed in Germany

ISBN 978-3-451-06990-1

Inhalt

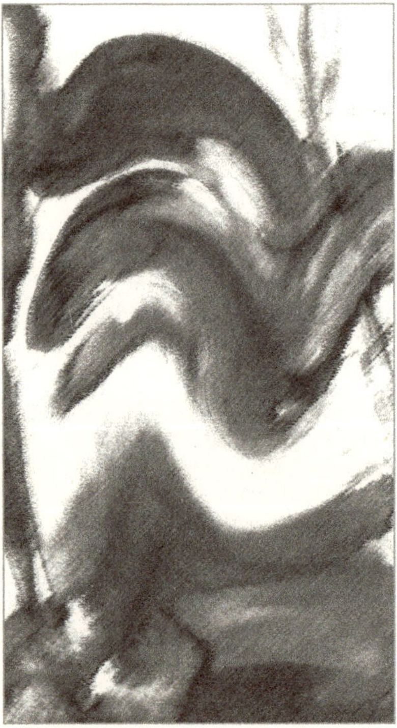

Einleitung

Im Sommer 2003 lud Thich Nhat Hanh zum ersten Mal zu einem Alltagskurs ein, der in der Technischen Universität in Berlin stattfand. Über fünfhundert Menschen lernten und vertieften während der Zeit von fünf Tagen zusammen mit ihm und den Nonnen und Mönchen aus Plum Village die Kunst der Achtsamkeit.

Im Unterschied zu den sonst üblichen Retreats verbrachten die Teilnehmerinnen und Teilnehmer nicht einen oder mehrere Tage durchgängig an einem Ort, sondern lebten ihren ganz normalen Alltag; sie arbeiteten, betreuten Kinder oder Angehörige, erledigten Besorgungen und so weiter. Jeweils am Abend trafen sie sich wieder, um Vorträge von Thich Nhat Hanh zu hören, Übungen wie Gehmeditation, achtsames Essen und Tiefenentspannung zu praktizieren und sich über die Möglichkeiten auszutauschen, im ganz konkreten Alltag Achtsamkeit zu üben.

Das vorliegende Buch beruht sowohl auf den Vorträgen, die Thich Nhat Hanh während dieses Alltagskurses gehalten hat, als auch auf den vielen unterschiedlichen Übungen, die er zusammen mit den Nonnen, Mönchen und Laienpraktizierenden in den letzten beiden Jahrzehnten in seinem Zentrum Plum Village in Frankreich entwickelte.

In seinen Vorträgen betont Thich Nhat Hanh immer wieder, dass es letztlich entscheidend ist, im Hier und Jetzt, in unserem Alltag Achtsamkeit zu verwirklichen. Er gibt eine Fülle von Anregungen, wie wir die Lehre des Buddha in unserem modernen Leben umsetzen können. Die Übungen, die Thich Nhat Hanh vorschlägt, und von denen im vorliegenden Buch eine Auswahl vorgestellt und erläutert wird, können uns dabei helfen, in unserem Alltag mehr Freude und inneren Raum zu entdecken und dem Leben in uns und um uns herum in all seinen Formen Dankbarkeit und Wertschätzung entgegenzubringen. Von dem Frieden, den wir dadurch gewinnen, wird auch unsere Mitwelt, die Menschen, Tiere und Pflanzen, mit denen wir diesen Planeten teilen, unmittelbar profitieren.

Die ausgewählten Übungen sind thematisch geordnet und schließen sich jeweils an einen Ausschnitt aus den Vorträgen Thich Nhat Hanhs zu den Bereichen Achtsamkeit im Alltag, Achtsamkeit auf den Körper, Achtsamkeit auf unsere Gefühle, Achtsamkeit im Umgang mit anderen Menschen, *Intersein* und Geburt- und Todlosigkeit an.

Das vorliegende Buch enthält ebenfalls eine Reihe von geleiteten Meditationen, die in dieser Form von Thich Nhat Hanh und seinen Schülerinnen und Schülern entwickelt wurden.* Sie

* Geführte Meditationen und Lieder finden sich in dem Buch *Und ich erblühe wie eine Blume* von Thich Nhat Hanh, das im Aurum Verlag erschienen ist.

bestehen jeweils aus einer Reihe von Leitsätzen, die entweder das Ein- und Ausatmen zum Gegenstand der Achtsamkeit und Konzentration haben oder ein Bild. Das Bild steht dabei stets in enger Beziehung zum Atem und wird von ihm getragen. Diese einfache Form der Leitsätze hat den Vorzug, dass sich diese leicht einprägen und in einfacher Weise auch allein praktizieren lassen.

Wer an stilles Sitzen während der Meditation gewöhnt ist, fühlt sich vielleicht anfangs mit diesen Übungen nicht besonders wohl. Sie können aber eine Hilfe sein, um die Konzentration und Achtsamkeit auf bestimmte Aspekte zu lenken, tief in unseren Geist zu schauen, heilsame Samen in ihm anzulegen, zu stärken und zu pflegen, damit sie zu Mitteln werden können, um unser Leiden zu verwandeln. Geleitete Meditationen wurden von Übenden bereits zu Lebzeiten des Buddha angewendet. Den entsprechenden Nachweis finden wir im Sutra für die Kranken und Sterbenden.

Es gibt verschiedene Möglichkeiten, das Buch nicht nur zu lesen, sondern mit ihm auch zu üben. Diese hängen von Ihren Bedürfnissen, Ihren Erfahrungen und der Ihnen zur Verfügung stehenden Zeit ab.

Es ist sicherlich nicht sinnvoll, das Buch in einem Rutsch durchzulesen. Vielleicht mögen Sie sich mit einem Kapitel und den darin angesprochenen Aspekten einen gewissen Zeitraum lang beschäftigen, die Übungen durchführen und schauen, welche Wirkungen sie haben.

In jedem Fall ist es hilfreich, zusammen mit Menschen zu üben, die bereits Erfahrungen in der Praxis der Achtsamkeit gesammelt haben. Auf diese Weise kann ein Austausch stattfinden, in dem Schwierigkeiten und Fragen thematisiert werden können. Mit wachsender Erfahrung werden wir schließlich in der Lage sein, gemeinsam weitere Wege und Möglichkeiten zu entdecken, in unserem Alltag Achtsamkeit zu kultivieren.

Eine weitere Möglichkeit wäre, sich in einer kleinen Gruppe von Freundinnen und Freunden für einige Tage jeweils am frühen Abend zu treffen, um gemeinsam Sitzmeditation zu üben und sich über die Erfahrungen auszutauschen, wie während des vergangenen Tages Achtsamkeit am Arbeitsplatz oder in der Familie praktiziert wurde. Schließlich können sich alle eine Art »Hausaufgabe« stellen, das heißt eine Übung auswählen, die am nächsten Tag im Mittelpunkt stehen soll. Die Übungen in diesem Buch können dazu eine Anregung sein.

Um unsere Fähigkeit, achtsam zu sein, weiterzuentwickeln, ist es sinnvoll, von Zeit zu Zeit ein so genanntes Retreat (Einkehrzeit) zu besuchen. Unter der Anleitung erfahrener Lehrerinnen und Lehrer, können wir dort unsere Meditationspraxis vertiefen und festigen.

Thich Nhat Hanh spricht davon, dass es nicht nötig sei, unser Glück und unseren Frieden zu verschieben oder darauf zu warten. Wenn wir Frieden wollen, dann ist er hier, in diesem Moment verfügbar. Die von ihm vorgeschlagenen Übungen können dabei eine Hilfe sein.

Thomas Schmidt

Jeden Augenblick genießen – Achtsamkeit im Alltag

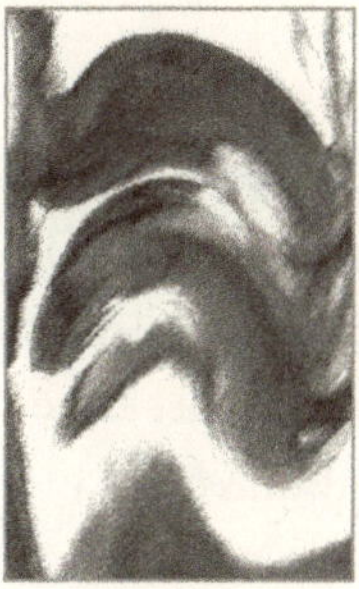

Das letztendliche Ziel des Lebens ist es, zu *sein*, das heißt, auf eine Weise zu leben, dass eine Zukunft möglich wird. Das Beste, was wir für unsere Zukunft tun können, ist, dass wir uns so gut, wie wir es vermögen, um den gegenwärtigen Moment kümmern. Wenn wir in den gegenwärtigen Augenblick investieren, dann investieren wir in die Zukunft.

Der Buddha sagt, dass die Zukunft nur aus einer Substanz bestehe und das ist die Gegenwart. Der beste Weg, sich eine gute Zukunft zu sichern, liegt darin, sich so gut wir können um die Gegenwart zu kümmern. Wenn wir ganz gegenwärtig sind und wenn wir uns um diesen Augenblick mit all unseren Möglichkeiten kümmern, dann ist dies das Beste, was wir tun können, um uns und anderen eine gute Zukunft zu sichern. Sich um unsere Zukunft zu sorgen oder zu ängstigen hilft uns nicht. Wir wissen nicht genau, wie viele Tage uns noch zur Verfügung stehen. Selbst wenn wir hundert Jahre leben würden, haben wir nur 36 500 Tage zur Verfügung. Aber wie viele von uns können 36 500 Tage leben? Wir wissen nicht, wie viele Tage wir noch zu leben haben. Es gibt Menschen, die so alt sind wie ich und noch am Leben sind. Und es gibt junge Menschen, die schon sterben müssen.

Jeden Moment unseres täglichen Lebens sollten wir deshalb dazu verwenden, mehr Achtsamkeit, Verständnis und Mitgefühl zu entwickeln. Wir können uns zum Beispiel um Gedanken bemühen und Dinge sagen, die voller Mitgefühl und Verständnis sind. Jeder von uns ist dazu in der Lage. Und wir können so handeln, dass sich Mitgefühl und Verständnis in unserem täglichen Leben manifestieren. Es ist möglich, so zu handeln, dass Freude und Glück für die Menschen um uns herum wirklich werden. Jeder Gedanke, jedes Wort, jede Handlung trägt unsere Unterschrift.

Der Buddha sprach davon, dass es nur einen Moment gibt, in dem wir wirklich lebendig sind, und dies ist der gegenwärtige Augenblick. In vielen Vorträgen betont er immer wieder, dass es möglich sei, in diesem Moment glücklich zu sein. Der Weg, den der Buddha uns dazu vorschlägt, ist die Praxis der Meditation. Diese besteht in erster Linie darin, zum gegenwärtigen Moment zurückzukehren. In unserem Alltag bilden Körper und Geist keine Einheit. Unser Körper ist hier, und unser Geist weilt in der Vergangenheit oder in der Zukunft. Dies wird in der buddhistischen Tradition als Zustand der Zerstreutheit oder als Mangel an Achtsamkeit bezeichnet. Es ist sehr wichtig, den Geist zum Körper zurückzubringen, um wirklich im gegenwärtigen Moment zu verweilen. Wenn Körper und Geist vereint sind, dann sind wir in der Lage, wirklich in tiefen Kontakt mit dem zu kommen, was im gegenwärtigen Moment da ist. Alle Wunder des Lebens, der blaue Himmel, die Blumen, der Fluss, die Kinder, all das finden wir nur im gegenwärtigen Augenblick. Aber wenn wir den gegenwärtigen Augenblick verpassen, dann verpassen wir alles.

Viele Menschen fühlen sich sehr unglücklich und wissen nicht, was sie mit den ihnen gegebenen vierundzwanzig Stunden des Tages anfangen sollen. Manchmal sehen Menschen – auch sehr junge – keinen Ausweg mehr und begehen Selbstmord. Ihre Eltern, die Lehrer, unsere Politiker sind nicht in der Lage, ihnen zu helfen. In unseren Schulen lernen die Schülerinnen und Schüler viel über Technik, aber sie lernen nicht, wie sie vierundzwanzig Stunden des Tages glücklich leben können. Niemand hilft ihnen, tief zu schauen und ihre falschen Vorstellungen zu verändern.

Deshalb sollten wir lernen, wie wir in unserem Alltag glücklich leben können, und anderen damit zeigen, dass es möglich ist, in diesem Moment glücklich zu sein. Es gibt so viele wunderbare und erfrischende Dinge, die uns dabei helfen können, wieder zu unserem Wohlbefinden zurückzufinden.

Als ich ein junger Mönch war, fragte ich mich, warum der Buddha auf vielen Bildern und Statuen die ganze Zeit lächelt. Wie kann er angesichts des unermesslichen Leidens in der Welt immerzu lächeln? War er sich des Leidens bewusst? Schließlich fand ich heraus, dass wenn der Buddha stets geweint hätte, er niemandem zu helfen vermocht hätte.

Wir müssen unsere Freude und unser Lächeln immer wieder nähren, um die Kraft zu haben, anderen zu helfen. Wir müssen so üben, dass wir genügend Freude und Stabilität entwickeln können. Wenn wir das nicht tun, werden wir sehr schnell von dem Leiden, das uns umgibt, überwältigt.

Der Buddha nahm sich Zeit für sich, Zeit für Gehmeditation,

Essmeditation und Zeit für Sitzmeditation. Gerade weil der Buddha sein Lächeln lebendig erhalten konnte, war er dazu in der Lage, so vielen Menschen zu helfen. Wenn Sie die Fortführung des Buddha sein wollen, dann müssen Sie das Gleiche tun.

Die Energie der Achtsamkeit ist die Energie des Buddha in uns. Wir können diese Energie mit der Übung des Atmens und Gehens in uns kultivieren. In unserem Alltag leben wir häufig in Unachtsamkeit, dem Gegenteil von Achtsamkeit. Wir trinken unseren Tee, aber wir sind uns dessen nicht bewusst. Unser Geist beschäftigt sich mit der Vergangenheit oder der Zukunft. Achtsamkeit ist die Energie, die uns dabei hilft, unseren Geist zu unserem Körper zurückzubringen, zum gegenwärtigen Augenblick. Eine Einatmung oder ein Lächeln genügt. Wenn unser Geist und unser Körper eins sind, dann sind wir in diesem Augenblick ganz gegenwärtig, und wir sind ganz und gar lebendig.

In der christlichen Tradition feiern wir Ostern, das Fest der Auferstehung. Wir können sagen, dass jedes Mal, wenn wir uns unserer Ein- und Ausatmung bewusst sind, jedes Mal, wenn wir einen achtsamen Schritt tun und wir unseren Geist zu unserem Körper zurückbringen, wir die Auferstehung praktizieren. Essen, trinken und atmen wir, ohne uns dessen bewusst zu sein, was wir tun, dann sind wir wie Zombies, wie lebendige Tote. Mit der Übung des achtsamen Atmens oder Gehens stehen wir in gewissem Sinne von den Toten auf.

In unserem Alltag sind wir es gewohnt, stets der Zukunft entgegenzulaufen. Wir glauben nicht wirklich daran, dass Glück im gegenwärtigen Augenblick möglich ist. Vielleicht irgendwann in der Zukunft, aber nicht jetzt, nicht heute. Aus diesem Grund opfern viele Menschen den gegenwärtigen Augenblick für die Zukunft. Nach der Lehre des Buddha ist es aber sehr wohl möglich, hier und jetzt glücklich zu sein. Wenn wir zum gegenwärtigen Augenblick zurückkehren, dann können wir all die Bedingungen für unser Glück erkennen, die bereits jetzt schon erfüllt sind. Das wahre Leben findet sich nur im gegenwärtigen Augenblick. Das Reich Gottes oder das Reine Land ist hier und jetzt. Wenn Ihre Achtsamkeit und Ihre Konzentration stark genug sind, dann ist nur ein einziger Schritt notwendig, um in das Reich Gottes zu gelangen. Der blaue Himmel, der Sonnenschein, die grünen Pflanzen, all das gehört zum Reich Gottes. Die blühenden Blumen, die singenden Vögel und Ihr kleines Kind, all das ist Teil des Paradieses. Und Sie selbst, auch Sie gehören dazu. Es ist die Energie der Unachtsamkeit und unsere Gewohnheit, immer zu eilen und zu rennen, die uns daran hindern, im Reich Gottes zu leben. Und es sind unsere Angst, unser Ärger und unsere Gewalt, die verhindern, dass wir dorthin gelangen. Mit der Praxis der Achtsamkeit und Konzentration können wir diese negativen Energien in uns umarmen und verwandeln. Die Energie der Achtsamkeit und Konzentration hilft uns dabei, in Kontakt mit dem Reich Gottes oder dem Reinen Land Buddhas zu kommen.

Der französische Schriftsteller André Gide sprach davon, dass Gott vierundzwanzig Stunden am Tag für uns da sei. Das bedeutet, dass auch das Reich Gottes vierundzwanzig Stunden des Tages für uns da ist. Meine Übung besteht darin, jeden Tag im Reich Gottes zu gehen. Auch Sie können das lernen.

Ich möchte Ihnen einige Hinweise geben, wie Sie achtsam atmen, gehen und essen können. Auf diese Weise lernen Sie, wie es möglich ist, während des ganzen Tages vollkommen gegenwärtig zu sein.

Morgens, wenn Sie Frühstück machen, nehmen Sie sich diese Zeit und verwandeln Sie sie in eine Zeit der Praxis, in der Sie das Leben feiern. Jeden Moment, in dem wir das Frühstück vorbereiten, können wir zu einem Fest machen, zu einem Fest des Lebens. Sie sind lebendig und Sie machen Frühstück, vielleicht für einen lieben Menschen. Ist das nicht wundervoll? Verlieren Sie sich aber in Ihren Gedanken, in Ihren Gefühlen von Ärger oder Angst, dann vergeuden Sie diese Zeit. Bitte, nutzen Sie Ihre Intelligenz und Ihre ganze Entschlossenheit, so dass Sie die Zeit des Frühstückzubereitens zu einer Zeit der Praxis werden lassen können. Lächeln Sie jeden Morgen allen, denen Sie begegnen, zu.

Als ich in Vietnam mit sechzehn Jahren zum Mönch ordiniert wurde, schenkte man mir ein Buch mit fünfzig kleinen Versen, die ich alle auswendig lernen musste und die mir dabei halfen, Achtsamkeit zu praktizieren. Darin gibt es einen Vers, der uns dabei helfen kann, gegenwärtig zu sein, wenn wir am Morgen aufwachen.

Ich wache auf und lächle.
Vierundzwanzig neue Stunden liegen vor mir.
Ich will jeden Augenblick des Tages vollkommen bewusst leben
und allen Menschen mit Liebe und Mitgefühl begegnen.

Wenn ich meine Robe anzog, gab es einen Vers, der mir dabei half, auch dann achtsam zu sein. Wenn ich zur Toilette ging, rezitierte ich einen anderen Vers, der meine Praxis der Achtsamkeit unterstützte.

Als junger Mönch vergaß ich manchmal, den oben stehenden Vers zu üben. Um mich daran zu erinnern, nahm ich ein rotes Blatt und steckte es an die Decke meines Moskitonetzes. Dieses rote Blatt erinnerte mich am Morgen, wenn ich aufwachte, als Erstes, achtsam zu atmen und dabei den Vers zu üben.

In unserem Zentrum in Frankreich ist an unserem Kopiergerät ein kleiner Zettel befestigt, auf dem ein kleines Gedicht uns daran erinnern soll, achtsam ein- und auszuatmen, während wir Kopien machen. Ein ähnlicher Zettel befindet sich in der Nähe unseres Telefons. Wenn wir jemanden anrufen wollen, dann atmen wir erst einmal ein paar Mal achtsam ein und aus, bevor wir die Nummer wählen. Und wenn wir dann das Telefon am anderen Ende klingeln hören, dann atmen wir ebenfalls bewusst ein und aus. Läutet bei uns das Telefon, dann springen wir nicht gleich auf, sondern atmen erst einmal ein paar Mal ein und aus, stehen auf und gehen achtsam zum Telefon. Wir nennen das Telefon-Meditation. Wenn wir Auto fahren und an einer roten Ampel anhalten und achtsam atmen und lächeln, dann ist das Autofahr-Meditation.

Der Vers für den Morgen, den ich Ihnen vorgestellt habe, gefällt mir außerordentlich gut. »Ich wache auf und lächle.« Ich denke, dass Lächeln das Beste ist, womit wir unseren Tag beginnen können. Es ist das Lächeln der Erleuchtung, denn uns ist bewusst, dass wir lebendig sind und vierundzwanzig neue Stunden vor uns liegen. Wir können dieses Geschenk von Himmel und Erde mit sehr viel Dankbarkeit empfangen. »Ich bin entschlossen, diese vierundzwanzig Stunden ganz tief und bewusst zu leben.« Das heißt, ich bin entschlossen, mir diesen Tag nicht zu verderben.

Viele von uns haben die Erfahrung gemacht, dass wir einen Tag oder sogar einen noch längeren Zeitraum mit unserem Ärger oder mit unseren Sorgen völlig verdorben haben. Ein neuer Tag ist wie ein weißes Blatt Papier, auf das wir viele wunderbare Dinge schreiben, zeichnen oder malen können. Wenn Sie wissen, wie Sie liebevolle Gedanken in sich erwecken können, wenn Sie wissen, wie Sie achtsam zu sprechen vermögen, dann werden Sie die positiven Samen in sich selbst und in andern wässern. Und wenn Sie wissen, wie Sie achtsam handeln können, dann machen Sie sich selbst und der anderen Person ein großes Geschenk. Füllen Sie Ihren Tag mit liebevollen Gedanken, liebevollen Worten und liebevollem Handeln. Sie sind die Künstlerin oder der Künstler, die oder der diesen Tag in ein Kunstwerk verwandeln kann. Dieses Kunstwerk bieten Sie dem Leben, der Zukunft an. Ohne die Energie der Achtsamkeit wird es Ihnen aber schwer fallen, die Ihnen zur Verfügung stehenden vierundzwanzig Stunden in ein Kunstwerk zu verwandeln.

Wir können jede Tätigkeit unseres Lebens in Meditation verwandeln. Wenn Sie Ihre Teetasse aufnehmen, dann können Sie das achtsam tun. Ich atme ein und ich weiß, dass ich meine Teetasse aufnehme. Ich atme aus und lächle meinem Tee zu. Dieses Lächeln ist bereits das Lächeln der Erleuchtung. Es drückt aus, dass wir den Tee als Tee erkennen. Wenn wir einatmen, sind wir ganz gegenwärtig. Wenn wir ausatmen, erkennen wir das, was um uns herum gegenwärtig ist. Sie richten Ihre ganze Aufmerksamkeit auf den Tee und auf die Tatsache, dass Sie den Tee jetzt trinken. Ihr Geist wandert dabei nicht in die Vergangenheit oder in die Zukunft, sondern er ist ganz und gar auf den Tee konzentriert, den Sie in diesem Moment trinken. Das ist es, was wir achtsames Trinken nennen. Jedes Mal, wenn wir unseren Tee, unsere Sojamilch oder unseren Kaffe trinken, können wir uns vollkommen bewusst sein, dass wir trinken.

Es ist wichtig, dass wir uns genügend Zeit zum Teetrinken oder zum Essen unserer Mahlzeiten nehmen.

Während Sie das Frühstück vorbereiten, können Sie achtsames Atmen praktizieren. Wenn Sie den Wasserhahn aufdrehen und das Wasser in den Kessel fließt, seien Sie sich des Wassers bewusst und der Tatsache, dass das Wasser in den Kessel fließt. Dann stellen Sie den Herd an, und seien Sie sich auch dessen ganz bewusst. Wenn Sie die Teeblätter einfüllen, dann tun Sie das achtsam und lächeln Sie dem Tee zu.

Lächeln ist eine wunderbare Übung. Hier geht es nicht um ein diplomatisches Lächeln, sondern um das Lächeln der Achtsamkeit. Es bedeutet: »Lieber Tee, lieber Kaffee, ich bin für dich da!« Es drückt aus, dass wir das Objekt unserer Wahrnehmung als etwas Wahres erkennen. Dazu ist es aber notwendig, dass Sie selbst wirklich gegenwärtig sind; sonst können Sie die Gegenwart des anderen nicht wirklich erkennen. Das andere kann ein wunderbarer Sonnenaufgang sein; es kann ein lieber Mensch sein, dem Sie begegnen, oder es kann der Tee sein, den Sie gerade in die Tasse einschenken. Die Achtsamkeit hat die Kraft, das zu erkennen, was im gegenwärtigen Augenblick geschieht.

Wenn Ihr Kind am Morgen aufwacht, dann lächeln Sie ihm

mit dem gleichen Lächeln zu: »Liebling, ich weiß, dass du da bist, und ich bin sehr glücklich.« Sie lächeln Ihrem Tee oder Kaffee in der gleichen Weise zu wie Ihrer Partnerin oder Ihrem Partner. Praktizieren Sie dabei achtsames Atmen: Wenn Sie einatmen, wissen Sie, dass Sie einatmen, und wenn Sie ausatmen, wissen Sie, dass Sie ausatmen.

Sie können bei allem, was Sie während des Tages tun, achtsam und gegenwärtig sein. Die folgenden Übungen sind Anregungen, die Sie auf weitere Alltagssituationen übertragen können.

Übungen

Atmen

Grundlage fast aller Übungen, die Thich Nhat Hanh uns vorschlägt, ist das bewusste Atmen. Die Aufmerksamkeit auf den Atemstrom ist vielleicht die am meisten verbreitete Methode in vielen spirituellen Richtungen. Unser Atem ist ein fester und stabiler Boden, zu dem wir jederzeit Zuflucht nehmen können. Das achtsame Atmen kann uns dabei helfen, unseren Geist zu beruhigen, Konzentration zu entwickeln und Einsicht in die Wirklichkeit in uns und um uns herum zu gewinnen.

Es bedarf einiger Übung, Achtsamkeit gegenüber dem Atem zu entwickeln. Die wichtigste Voraussetzung ist dabei, innezuhalten, still zu werden. Dann ist es möglich, in unserem Körper die Bewegung des Atems wahrzunehmen. Wo spüren wir den Atem? Im Brustraum, im Bauch oder im Bereich der Nase? Welche Temperatur besitzt er? Ist das Einatmen lang oder kurz? Gibt es eine Pause zwischen Ein- und Ausatmung? Falls wir Schwierigkeiten haben, unseren Atem wahrzunehmen, können wir eine Hand leicht auf den Bauch legen und dabei die sanfte Bewegung unter unserer Hand fühlen. Entscheidend ist, dass wir unseren Atem nicht kontrollieren, sondern ihn so wahrnehmen, wie er ist. Er ist Ausdruck des Lebens in uns. Wir können unseren Atem einfach wahrnehmen und ihm liebevoll zulächeln. Wir sind entspannt und lassen den Atem geschehen und nehmen einfach wahr, ob der Atem schnell oder langsam, kurz oder lang, tief oder flach ist. Durch unser Gewahrsein wird der Atem nach einer Weile von selbst ruhiger und tiefer.

Während des Tages können wir von Zeit zu Zeit innehalten und unser Gewahrsein auf den Atem richten. Diese Atempausen können für uns zu einer unerschöpflichen Energiequelle werden, ob wir gehen, im Garten arbeiten oder am Computer sitzen. Zur Unterstützung können wir einen Vers sprechen:

Ich atme ein und ich weiß, dass ich einatme.
Ich atme aus und ich weiß, dass ich ausatme.

Als Erinnerungshilfe für diese Atempausen können wir zum Beispiel das Klingeln des Telefons, die Kirchenglocken, das Schreien eines Babys oder sogar das Martinshorn von Feuerwehr oder Krankenwagen als *Glocken der Achtsamkeit* nutzen. Diese laden uns dazu ein, unsere Tätigkeit zu unterbrechen und drei Atemzüge zu genießen. Unsere Anspannungen im Körper und Geist können sich auf diese Weise lösen, und wir kehren zu uns selbst zurück.

Sitzmeditation

Während der Sitzmeditation gibt es nichts zu tun, niemand möchte etwas von Ihnen. Sitzmeditation ist eine Gelegenheit, einfach nur zu sitzen. Genießen Sie diese kostbare Zeit. Sie lassen alles Haften an Wünschen, Plänen, Unerledigtem, Sorgen und so weiter los. Sie lassen alles Anhaften los, ebenso alles Ablehnen, und Sie verweilen in Gleichmut. Sie erlauben Ihrem Geist, sich zu entspannen und zu seinem natürlichen Zustand zurückzukehren.

Unsere Haltung sollte bei der Meditation entspannt, bequem und harmonisch sein und uns das Gefühl vermitteln, in Würde und in Offenheit zu sitzen. Gleichgültig ob wir auf einem Stuhl, einem Bänkchen oder einem Kissen sitzen, der Rücken sollte völlig gerade und die Wirbelsäule wie ein Pfeil gestreckt sein. Dazu wird der obere Teil des Brustkorbs etwas zurückgezogen, während das Becken leicht nach vorne gekippt ist. Das hebt und dehnt den Oberkörper, wodurch der Druck auf die inneren Organe im Bauchraum verringert wird. Bei geradem Rücken können die subtilen Energien frei zirkulieren und der Geist wird klar.

Der Kopf sollte in Verlängerung der Wirbelsäule aufrecht gehalten werden, dabei ist das Kinn in der Horizontalen etwas zurückgezogen. Der Nacken wird somit leicht gestreckt.

Die Arme sind entspannt, und die Hände liegen entweder auf den Oberschenkeln oder zusammengelegt im Schoß. Das Gesicht ist ebenfalls entspannt, vor allem Stirn und Mundpartie, so dass wir ein Halblächeln entstehen lassen können.

Die Augen können halb geöffnet und der Blick sollte nach unten gerichtet sein, oder wir halten die Augen geschlossen. Wenn wir auf einem Stuhl sitzen, haben unsere Füße festen Kontakt zum Boden. Sitzen wir auf einem Bänkchen, haben unsere Unterschenkel festen Kontakt zur Unterlage. Im Schneidersitz, in der vollen oder halben Lotushaltung berühren jeweils Unterschenkel und Knie die Unterlage. Diese Haltung gibt uns ein Gefühl von Stabilität und Geerdetsein.

Zuerst können wir unsere Aufmerksamkeit auf die Außengeräusche lenken und nehmen sie ganz bewusst wahr.

Langsam lassen wir sie los und nehmen Kontakt mit der Energie des Raumes auf, in dem wir uns befinden. Wir spüren den Kontakt mit der Unterlage. Wir spüren den Kontakt der Kleidung mit der Haut.

Anschließend richten wir unsere Aufmerksamkeit auf unseren Atem und spüren die Stabilität und Ruhe unseres Körpers. Aufkommende Gedanken lassen wir einfach vorbeiziehen; Gefühle, selbst starke Emotionen nehmen wir wahr und akzeptieren sie mit der ganzen Offenheit unseres Herzens. Wir brauchen nichts zu unterdrücken, wegzuschieben oder uns etwas vorzuspielen.

Wir verfolgen einfach das natürliche Ein- und Ausströmen unseres Atems, ohne ihn in irgendeiner Weise zu beeinflussen. Wir setzen weder Körper noch Geist unter Druck, sondern bleiben vollkommen entspannt. Wenn es hilfreich ist, können wir eine Hand auf die Bauchdecke legen, um die Bewegung des Atems deutlich zu spüren.

Wenn wir von unseren Gedanken weggetragen werden, kehren wir einfach geduldig und sanft immer wieder zu unserem Atem zurück. Der Atem ist unser Anker, der uns hält.

Das Lächeln des Buddha

Wenn wir lächeln, entspannen wir nicht nur den größten Teil unserer Gesichtsmuskeln, sondern es besitzt auch eine beruhigende Wirkung auf unseren gesamten Körper und unseren Geist.

Wo immer wir während des Tages sitzen oder stehen, ist es möglich, ein Halblächeln zu üben. Wir können uns im Spiegel betrachten und uns ein aufrichtiges und ehrliches Lächeln schenken. Dieses Lächeln drückt Fürsorge und Mitgefühl mit uns selber aus. Wir können ein Kind anschauen, ein Blatt, ein Gemälde an der Wand, etwas, das verhältnismäßig ruhig ist, und dabei lächeln. Wir atmen dabei drei Mal still ein und aus und betrachten den Punkt unserer Aufmerksamkeit als unser wahres Wesen.

Gehmeditation

In unserem geschäftigen Alltagsleben fühlen wir uns oft abgehetzt und unter Zeitdruck. Meistens sind wir in Eile, hetzen hierhin und dorthin, von Termin zu Termin. Wir stellen uns aber zu selten die Frage, warum wir das eigentlich tun und wohin wir eigentlich immerzu hetzen.

Wir brauchen gelegentlich eine starke Entschlossenheit, um

der Energie des Rennens und Hastens zu widerstehen. Jeder Schritt, den wir langsam, achtsam und bewusst machen, wird auf diese Weise zu einer Art Revolution, weil wir vollkommen entschlossen sind, nicht mehr zu rennen, sondern im gegenwärtigen Augenblick zu leben.

Die Übung der Gehmeditation hilft uns, unsere Augen für die Wunder des Universums zu öffnen. Sie verwandelt unsere Erde in das Reine Land oder das Reich Gottes. Sie hilft uns dabei, Ärger und Sorgen fallen zu lassen und wie freie Menschen zu gehen. Aber sie hilft uns auch dabei, das Leiden in der Welt wahrzunehmen. Wenn wir achtsames Gehen praktizieren, können wir aufwachen, so dass wir das wirkliche Leiden in der Welt sehen können. Dann kann jeder Weg, jede Straße – von den Straßen Afghanistans, wo noch immer Minen Menschen töten, bis zu den Straßen in Palästina oder Irak – ein Meditationsweg für uns sein.

Gehmeditation ist wie ein Spaziergang, wir haben dabei nicht die Absicht, einen bestimmten Ort innerhalb einer bestimmten Zeitspanne zu erreichen. Zweck der Gehmeditation ist die Gehmeditation selbst. Entscheidend ist das Gehen, nicht das Ankommen, denn Gehmeditation ist kein Mittel, es ist das Ziel selbst.

Jeder Schritt ist Leben, jeder Schritt ist Frieden.
Wir gehen, aber wir gehen nicht. Wir gehen, aber wir lassen uns durch nichts antreiben, was immer es auch sei. So wird wie von selbst das Lächeln des Buddha auf unseren Lippen entstehen.

Wählen Sie einen ruhigen Weg in Ihrer Umgebung, in einem Park, einem Wald oder an einem Flussufer. Gehmeditation lässt sich prinzipiell aber überall üben, an unserem Arbeitsplatz, an der Universität, auf dem Weg zum Bus oder zur U-Bahn. Es gibt Menschen, die diese Form der Meditation in Konzentrationslagern geübt haben, andere tun dies in Gefängniszellen.

Wenn wir üben, ist es hilfreich, unsere Schritte zu verlangsamen. Wir richten unsere ganze Aufmerksamkeit auf unsere Schritte. Während wir Gehmeditation üben, ist Gehen unsere wichtigste Handlung. Sie entscheidet alles.

Es gibt verschiedene Möglichkeiten, achtsames Gehen zu üben. Eine davon ist das Messen der Atemzüge mit unseren Schritten. Wie viele Schritte machen wir bei der Einatmung, wie viele Schritte machen wir bei der Ausatmung?

Zunächst verlangsamen wir unsere Schritte und atmen ganz normal. Dabei versuchen wir nicht, die Länge unseres Atems auszudehnen oder zu beeinflussen. Nachdem wir für ein paar Minuten auf diese Weise gegangen sind, beginnen wir darauf zu achten, wie viele Schritte wir machen, während wir einatmen. Auf diese Weise ist unsere Aufmerksamkeit sowohl auf den Atem als auch auf das Gehen gerichtet. Wenn wir nach einer Weile damit beginnen, unsere Schritte beim Ausatmen zu zählen, werden wir vielleicht feststellen, dass unsere Ausatmung länger als die Einatmung ist. Wir können ebenfalls beobachten, wie sich der Rhythmus unseres Atems ändert, wenn wir bergab gehen oder Treppen steigen.

Dem Atem zu folgen, zu zählen und während des Gehens ein Halblächeln zu üben ist besonders dann sinnvoll, wenn es uns schwer fällt, die Achtsamkeit beim Gehen aufrechtzuerhalten. Statt unsere Schritte zu zählen, können wir aber auch Worte oder einen Spruch nehmen, um uns darauf zu konzentrieren.

Eine Hilfe kann sein, mit dem folgenden kleinen Gedicht zu praktizieren:

Ich bin angekommen,
ich bin zu Hause,
im Hier und im Jetzt,
im Reinen Land verweile ich.*

Wenn Sie einatmen, machen Sie vielleicht drei Schritte und sagen: »Ich bin angekommen. Ich bin angekommen. Ich bin angekommen.« Und wenn Sie ausatmen, dann machen Sie drei Schritte und sagen: »Ich bin zu Hause. Ich bin zu Hause. Ich bin zu Hause.« Wenn Sie sich bei der Einatmung mit zwei oder mit vier Schritten wohler fühlen, dann machen Sie zwei oder vier Schritte.

Autofahren

Auch beim Autofahren können Sie achtsames Atmen üben. Lassen Sie Ihren Geist im gegenwärtigen Moment verweilen. Wenn Sie in Ihr Auto einsteigen, können Sie sich folgenden Vers vergegenwärtigen:

* Reich Gottes

Bevor ich das Auto starte,
weiß ich, wohin ich fahren will.
Das Auto und ich sind eins.
Wenn das Auto schnell fährt, fahre ich schnell.

Seien Sie sich bewusst, dass Sie fahren. Und seien Sie sich dessen bewusst, was vor Ihnen auf der Straße geschieht. Jedes Mal, wenn Sie an eine rote Ampel kommen, dann lächeln Sie dem roten Licht zu. Die rote Ampel ist wie eine Glocke der Achtsamkeit, die Sie dabei unterstützen kann, zum gegenwärtigen Moment zurückzukehren. So werden die zehn oder fünfzehn Sekunden, während die Ampel rot ist, zu einer Gelegenheit, ganz gegenwärtig zu sein.

Zähneputzen

Wenn Sie sich am Morgen oder am Abend die Zähne putzen, dann genießen Sie achtsames Zähneputzen. Bleiben Sie ganz gegenwärtig und putzen Sie Ihre Zähne nicht in Eile. Öffnen Sie die Tube Zahncreme mit Achtsamkeit, drücken Sie vorsichtig die Zahncreme auf die Bürste. Seien Sie sich jedes einzelnen Zahns bewusst, den Sie mit der Bürste reinigen, des Wassers, mit dem Sie den Mund ausspülen, des Geschmacks der Zahncreme, die Sie benutzen.

Sich die Zähne zu putzen kann sehr freudvoll und angenehm sein. Putzen Sie Ihre Zähne so, dass während der gesamten Zeit Friede und Freude möglich sind. Lächeln Sie Ihren Zähnen zu.

Duschen

Wenn Sie am Morgen duschen, tun Sie auch das ganz achtsam. Sie spüren das warme Wasser auf Ihrer Haut, die Seife, mit der sie Ihren Körper reinigen, den Druck der Hände auf Ihrem Körper, wenn Sie ihn einseifen. Berühren Sie jeden Teil Ihres Körpers mit Ihrer Achtsamkeit und lächeln Sie ihm voller Fürsorge zu. Vielleicht mögen Sie sagen: »Ich bin angekommen, ich bin zu Hause.« Feiern Sie das Leben, während Sie duschen!

Zur Toilette gehen

Auch der Gang zur Toilette kann in Achtsamkeit erfolgen. Die Begriffe von rein oder unrein sind Teil unseres Denkens, nicht aber der Wirklichkeit. Nehmen Sie auch hier bewusst wahr, was geschieht. Spüren Sie dem Wohlbefinden, dem Gefühl der Entspannung nach, das sich oft einstellt, wenn der Körper sich entleert hat.

Hausputz

Normalerweise sehen wir das Putzen unserer Wohnung oder unseres Zimmers als unangenehme Aufgabe an, die wir möglichst schnell hinter uns bringen wollen. Wir denken, dass wir unsere Zeit sinnvoller verbringen und uns mit Dingen beschäftigen könnten, die uns mehr Freude machen. Aufzuräumen und zu putzen kann aber ebenfalls eine Gelegenheit sein, unseren Atem zu genießen und uns an unseren Bewegungen zu erfreuen.

Teilen Sie Ihre Arbeit in Abschnitte ein: das Kinderzimmer aufräumen, die Toilette und das Bad putzen, den Boden wischen, Staub saugen, den Müll runter bringen. Nehmen Sie sich für jeden Bereich ausreichend Zeit, bewegen Sie sich entspannt und langsamer als gewohnt. Betrachten Sie das Aufräumen als das Wichtigste auf der Welt.

Wenn Sie einen Gegenstand hochnehmen, seien Sie sich Ihrer Hände bewusst. Spüren Sie den Druck des Gegenstandes in Ihren Händen. Wie schwer ist er? Wie fühlt sich seine Oberfläche an? Bücken Sie sich, so nehmen Sie das Gefühl in Ihrem Rücken wahr. Wenn Ihre Gedanken abschweifen oder Sie merken, dass Sie zu hetzen beginnen oder in Eile geraten, halten Sie für einen Moment inne. Erkennen Sie Ihre Gedanken und Ihre Eile an und lächeln Sie ihnen zu. Kehren Sie zu Ihrem Atem zurück und fahren Sie mit Ihrer Arbeit fort.

Achtsamkeit auf den Körper

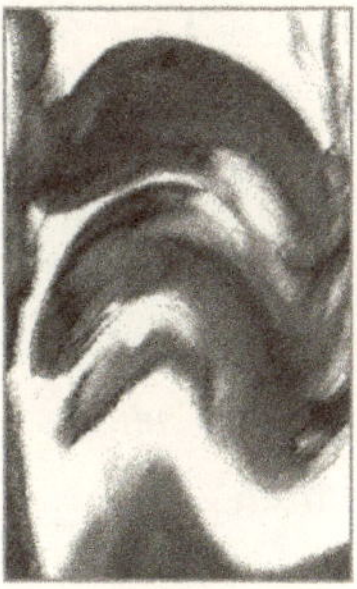

Wir müssen unseren Körper ganz in die Übung der Achtsamkeit mit einbeziehen. Am Anfang der Praxis scheint es so, als sei der Körper das Objekt unseres Geistes. Aber nach einer Weile wird es keinen Unterschied mehr geben zwischen dem Subjekt, unserem Geist, der beobachtet, und dem Objekt, das beobachtet wird. Der Beobachtende und das Objekt, das beobachtet wird, werden eins. Körper und Geist bringen sich gemeinsam in die Praxis ein.

In den buddhistischen Schriften heißt es, dass es sich dabei um die Kontemplation des Körpers *im* Körper handelt. Das bedeutet, dass wir zu unserem Körper werden, eins mit ihm werden, während wir praktizieren. Zuerst müssen wir uns bewusst werden, dass unser Körper da ist. Dann schauen wir in unseren Körper hinein.

Der Buddha erläuterte dies mit einem Beispiel: Ein Bauer geht in den Keller und holt einen Sack mit Körnern herauf. Dann öffnet er den Sack an einem Ende und schüttet die Körner auf der Erde aus. Mit seinen noch guten Augen kann er dann alle diese Samen unterscheiden: Dies sind rote Bohnen, dies sind weiße Bohnen, dies ist Weizen und so weiter. Ähnlich können auch wir uns im Sitzen oder Liegen aller Körperteile bewusst werden. Angefangen von den Haaren auf unserem Kopf bis zu den Füßen. Der Buddha spricht von sechsunddreißig Teilen oder Elementen unseres Körpers, deren wir uns bewusst werden können. Es ist, als würden wir unseren Körper scannen beziehungsweise mit der Strahlung der Achtsamkeit wie mit einem Röntgenstrahl durchleuchten.

Diese Übung, in der wir unseren Körper wahrnehmen, lässt sich mit der Übung kombinieren, unseren Körper zur Ruhe kommen zu lassen. Der Buddha war sich bewusst, dass es in unserem Körper Bereiche gibt, in denen Spannungen vorhanden sind. Durch die Praxis des bewussten Atmens können wir wieder Harmonie in diese Bereiche bringen. Im *Sutra über die volle Vergegenwärtigung des Atems* bietet uns der Buddha sechzehn Übungen an. Die vierte Übung hilft uns dabei, unseren Körper zu entspannen.

Ich atme ein und werde mir meines ganzen Körpers bewusst.
Ich atme aus und erlaube meinem Körper, sich zu entspannen.

Wenn wir unserem Körper Gelegenheit geben, sich wirklich zu entspannen, dann ist damit die beste Voraussetzung für seine Heilung gegeben. Unser Körper hat die Kraft, sich selbst auf natürliche Weise zu heilen.

Besonders hilfreich ist es, zu Hause täglich etwa fünfzehn Minuten Tiefenentspannung zu üben. Dabei kann sich die ganze Familie gemeinsam zum Beispiel im Wohnzimmer auf den Boden legen, um diese wunderbare Übung zu machen. Gehmeditation und Tiefenentspannung können Ihnen dabei helfen, nicht das Opfer von Anspannung und Stress zu werden.

Wenn wir Schmerzen im Körper haben, können wir folgenden Vers sprechen und dabei achtsam ein- und ausatmen:

Ich atme ein und bin mir des Schmerzes
in meinem Körper bewusst.
Ich atme aus und lächle diesem Schmerz zu.

Der Buddha gibt uns den Rat, Schmerzen einfach als körperliche Schmerzen zu betrachten und nicht unsere Angst oder Vorstellungskraft dafür zu verwenden, die Situation zu verschlimmern. Der Buddha benutzt das Beispiel eines Pfeils, um dies zu illustrieren. Wenn jemand von einem Pfeil getroffen wird, entsteht ein starker Schmerz. Das Treffen des zweiten Pfeils verdoppelt den Schmerz nicht nur, sondern es verzehnfacht ihn. Der zweite Pfeil repräsentiert unsere Vorstellungen, unsere Angst und Sorge. Falls es nötig ist, sollte man natürlich von einem Arzt abklären lassen, ob die Schmerzen auf ein ernsthaftes gesundheitliches Problem hindeuten, das behandelt werden muss. Hier geht es darum, dass wir uns nicht von unseren Ängsten und Vorstellungen beherrschen lassen, die unter Umständen aus einem kleinen Schmerz einen großen oder sogar eine lebensbedrohliche Krankheit machen können.

Geleitete Meditation: Achtsamkeit auf den Körper

Diese Übung ist eine Liebesmeditation für den Körper. Zunächst erscheint sie vielleicht zu einfach. Aber wenn wir eine Weile mit ihr vertraut sind, merken wir, wie wichtig sie ist.

Zuerst erkennen wir jeden Bereich unseres Körpers an und lächeln ihm zu: Augen, Ohren, Blut, Knochen, Herz, Milz, Leber und so weiter. Unser Lächeln kann besänftigen und heilen. Es drückt Fürsorge und Zuneigung für den Körper aus. Mit wachsender Erfahrung werden wir jeden Teil unseres Körpers sehr klar und tief gehend wahrnehmen können. Jedes Haar auf unserem Körper, jede Körperzelle enthält alle Informationen, um das ganze Universum zu formen, ist eine Botschaft des Universums.

Die folgenden Leitsätze können uns bei der Meditation unterstützen. Wir können sie ein- und ausatmen oder wir lassen sie während des bewussten Atmens in unseren Geist einsinken.

Wir nehmen eine stabile Sitzhaltung* ein und machen uns zunächst ganz die Präsenz unseres Atems bewusst. Dabei üben wir ein Halblächeln.

Einatmend werde ich mir meines ganzen Körpers bewusst.
Ausatmend lächle ich meinem Körper zu.

* Diese Praxis können Sie auch im Liegen anwenden, um sich zu entspannen oder einzuschlafen.

Einatmend bin ich mir der Haare auf meinem Kopf bewusst.
Ausatmend lächle ich den Haaren auf meinem Kopf zu.

Einatmend bin ich mir meiner Augen bewusst.
Ausatmend lächle ich meinen Augen zu.

Einatmend bin ich mir meiner Ohren bewusst.
Ausatmend lächle ich meinen Ohren zu.

Einatmend bin ich mir meiner Zähne bewusst.
Ausatmend lächle ich meinen Zähnen zu.

Einatmend bin ich mir meiner Schultern bewusst.
Ausatmend lächle ich meinen Schultern zu.

Einatmend bin ich mir meiner Hände bewusst.
Ausatmend lächle ich meinen Händen zu.

Einatmend bin ich mir meiner Lungen bewusst.
Ausatmend lächle ich meinen Lungen zu.

Einatmend bin ich mir meines Herzens bewusst.
Ausatmend lächle ich meinem Herz zu.

Einatmend bin ich mir meiner Leber bewusst.
Ausatmend lächle ich meiner Leber zu.

Einatmend bin ich mir meiner Knochen bewusst.
Ausatmend lächle ich meinen Knochen zu.

Einatmend bin ich mir meiner Muskeln bewusst.
Ausatmend lächle ich meinen Muskeln zu.

(Hier können Sie noch weitere oder andere Bereiche des Körpers anschließen.)

Einatmend werde ich mir meines ganzen Körpers bewusst.
Ausatmend lächle ich meinem Körper zu.

Achtsamkeit auf die Körperhaltungen

Zu der Übung der Kontemplation des Körpers im Körper gehört auch, sich der verschiedenen Positionen des Körpers bewusst zu werden. Wir können dies an jedem Ort und zu jeder Zeit durchführen.

Es gibt vier Grundpositionen des Körpers: Sitzen, Stehen, Gehen und Liegen.

Wir beginnen damit, uns unseres Atems bewusst zu werden.

Anschließend richten wir unser Gewahrsein auf die Haltung unseres Körpers, ob wir nun stehen, liegen, sitzen oder gehen. Wir werden uns auch bewusst, welchen Zweck die entsprechende Körperhaltung hat. Wenn es keinen bestimmten Zweck gibt, sind wir uns bewusst, dass wir sie eingenommen haben, ohne einen besonderen Zweck damit zu verbinden.

Das Gewahrsein des Körpers schließt ebenfalls seine Bewegungen mit ein. Wenn wir uns bücken, dann wissen wir, dass wir uns bücken. Wenn wir aufstehen, wissen wir, dass wir aufstehen.

Tiefenentspannung

Zu lernen, wann wir eine Ruhepause brauchen, ist keine Unwichtigkeit oder Nebensächlichkeit. Im Alltag sind wir es gewohnt, in kurzer Zeit möglichst viele Dinge zu erledigen, und merken oft gar nicht, dass wir uns erschöpfen. Eine wertvolle Art des Ruhens ist die Tiefenentspannung. Dabei lernen wir, unseren Körper und Geist in liegender Position zu entspannen.

Wenn unser Körper wirklich entspannt ist, dann kann auch

unser Geist ruhen. Genau diese Ruhe haben wir oft nötig. Tiefenentspannung ist eine Übung des völligen Loslassens und Zurückkehrens zu uns selbst. Der Atem ist dabei wie eine Welle, die uns sanft in einen tiefen Frieden wiegt. In diesem Zustand sind Körper und Geist vereint und Heilung kann eintreten.

Wir können diese Technik immer dann benutzen, wenn wir eine Ruhepause brauchen. Sie erlaubt uns, tief in unseren Körper hineinzuhören. Wir lernen, behutsam mit uns selbst umzugehen. So wird unser Körper zu einem Freund auf dem Übungsweg und nicht zu einer Last. Mitgefühl mit uns selbst wird auch unsere Beziehungen zu anderen durchdringen.

Wir können eine Freundin oder einen Freund bitten, uns den folgenden Text* langsam vorzulesen. Eine andere Möglichkeit ist, den Text auf eine CD oder Kassette aufzunehmen. Nach einer gewissen Zeit werden wir vielleicht unsere eigenen Worte finden und sind dazu in der Lage, die Übung der Tiefenentspannung allein durchzuführen.

Lege dich bequem auf den Rücken, so dass du alle Spannungen in deinem Körper loslassen kannst. Deine Arme ruhen ganz sanft auf beiden Seiten des Körpers, deine Handflächen zeigen nach oben. Entspanne deine Beine und lasse deine Füße leicht nach außen fallen. Schließe deine Augen.

Nun gib dir die Erlaubnis, deinen Körper ganz ruhig zu halten und während der ganzen Zeit der folgenden Übung wach

* Der Text der Tiefenentspannung stammt von der CD »Mit den Augen der Liebe – Tiefenentspannung, Liebende-Güte-Meditation« und kann im Intersein-Zentrum für Leben in Achtsamkeit *Haus Maitreya* bezogen werden.

und präsent zu sein. Das Gefühl der tiefen Entspannung ist dir sehr vertraut; erlaube dir nun, dich wieder daran zu erinnern.

*Wenn du jetzt ein- und ausatmest, werde dir deines ganzen Körpers bewusst. (...)** Spüre die Teile deines Körpers, welche die Unterlage berühren. Spüre die Fersen, die Rückseite deiner Beine, deines Gesäßes, deines Rückens, die Rückseite deiner Hände, der Arme und spüre die Rückseite des Kopfes, die die Unterlage berührt. (...)*

Mit jedem Ausatmen nimmst du wahr, wie du tiefer und tiefer in die Unterlage einsinkst und wie alle Spannungen und alle Sorgen von dir abfallen. Lass alles Schwere los und halte an nichts mehr fest. Nun lass dich noch tiefer und tiefer und tiefer in die Unterlage einsinken. (...) Wenn du einatmest, spüre, wie sich die Bauchdecke hebt, wenn du ausatmest nehme wahr, wie sie sich senkt. (...)

Wenn du einatmest, richte dein Gewahrsein auf deine beiden Füße, wenn du ausatmest lass sie sich ganz entspannen. Einatmend schicke deinen Füßen all deine Liebe, wenn du ausatmest lächle deinen Füßen zu. (...)

Atme ein und sei dir deiner beiden Beine bewusst, ausatmend entspanne alle Zellen in deinen beiden Beinen. (...) Einatmend lächle deinen Beinen zu, ausatmend schicke ihnen deine Liebe. Lass sie sanft in die Unterlage einsinken. Lass alle Spannungen los, die du vielleicht noch in deinen Beinen hältst. (...)

Wenn du einatmest und ausatmest, sei dir bewusst, wie wun-

* Pause

derbar es ist, zwei Beine und Füße zu haben, die es dir ermöglichen, zu gehen, zu laufen, Sport zu treiben, zu tanzen und viele andere Aktivitäten während des ganzen Tages zu tun. Sende deinen beiden Füßen und Beinen all deine Dankbarkeit, weil sie immer für dich da sind, wenn du sie brauchst. (…)

Einatmend beginne damit, dir deiner beiden Hände bewusst zu werden. Ausatmend lasse alle Spannungen los, die du vielleicht noch in den Händen hältst. (…)

Wenn du einatmest, sei dir bewusst, wie wunderbar es ist, zwei Hände zu haben, und sei in Berührung mit all den Dingen, die dir deine Hände ermöglichen zu tun: kochen, ein Musikinstrument spielen, schreiben, einen lieben Menschen berühren oder einfach eine Tasse Tee halten. So viele Dinge sind dir möglich, weil du zwei Hände hast. Erfreue dich daran, zwei Hände zu haben und entspanne alle Zellen deiner Hände. (…)

Wenn du einatmest, sei dir jetzt deiner beiden Arme bewusst. Und wenn du ausatmest, lass deine Arme sich ganz tief entspannen. (…) Einatmend schicke deinen Armen deine Liebe, ausatmend lächle ihnen zu. (…)

Nimm dir Zeit, deine Arme und alle die Kraft und Gesundheit, die in ihnen ist, zu schätzen. (…) Schicke ihnen deine Dankbarkeit, weil sie es dir ermöglichen, jemanden zu umarmen, anderen zu helfen und zu dienen, zu arbeiten, das Haus zu putzen, den Rasen zu mähen und viele Dinge während des ganzen Tages zu tun. Atme ein und atme aus und lass in beiden Armen alle Spannungen los. Lass sie vollständig auf der Unterlage ruhen. Spüre bei jedem Ausatmen, wie sich die Spannungen in deinen Armen lösen. (…)

Einatmend werde dir jetzt deiner Schultern bewusst. Ausatmend gib alle Spannungen in ihnen an die Unterlage ab. Wenn du einatmest, sende deinen Schultern deine Liebe zu, wenn du ausatmest, lächle ihnen in Dankbarkeit zu. (…)

Einatmend und ausatmend sei dir bewusst, dass du es deinen Schultern erlaubt hast, Spannungen und Stress anzuhäufen. Bei jeder Ausatmung erlaube deinen Schultern, sich zu entspannen, und spüre, wie sie tiefer und tiefer in die Unterlage einsinken. (…) Sende ihnen deine Fürsorge und Zärtlichkeit zu. (…)

Einatmend richte dein Gewahrsein auf deinen Rücken, ausatmend lass alle Spannungen los, die du vielleicht noch in deinem Rücken hältst. Lass deinen Rücken mit jedem Ausatmen in die Unterlage einsinken und gib alles Schwere ab. (…) Erlaube dir, deinem Rücken in Zukunft keine unnötige Last aufzuladen, so dass er sich immer entspannt und frei anfühlt. (…)

Einatmend lenke deine Achtsamkeit auf dein Herz, ausatmend lass dein Herz ruhig werden. (…) Mit jedem Einatmen sende deinem Herzen Liebe zu, mit jedem Ausatmen lächle ihm zu. (…)

Wenn du ein- und ausatmest, komme mit dem Gefühl in Berührung, wie wunderbar es ist, ein Herz zu haben, das in deiner Brust schlägt. Dein Herz ermöglicht dein Leben, es ist immer für dich da. Jede Minute, jede Stunde, jeden Tag. Dein Herz hat schon begonnen zu schlagen, als du ein vier Wochen alter Fötus im Mutterleib warst. Es ist ein wunderbares Organ, das es dir ermöglicht, alles zu tun. (…) Atme ein und aus und nimm dir vor, so zu leben, dass dein Herz weiterhin gut funktioniert. Lächle jeder Zelle deines Herzens zu. (…)

Einatmend sei dir jetzt deines Bauches und aller Organe deines Bauches bewusst, ausatmend erlaube deinem Bauch und allen Organen, sich zu entspannen. (...) Wenn du einatmest, sende ihnen deine Liebe und Dankbarkeit zu, wenn du ausatmest, lächle ihnen zärtlich zu.

Einatmend und ausatmend weißt du, wie wichtig diese Organe für deine Gesundheit sind. Gib ihnen die Möglichkeit, ganz tief zu ruhen und sich zu entspannen. Jeden Tag nehmen sie deine Nahrung auf und verdauen sie, dies gibt dir Kraft und Energie.

Einatmend werde dir deiner Augen bewusst, ausatmend lass deine Augen und die Muskeln um sie herum sich ganz entspannen. (...) Atme ein und lächle deinen Augen zu, atme aus und sende ihnen deine Liebe. Lass deine Augen ruhen und in die Augenhöhlen zurücksinken.

Wenn du nun ein- und ausatmest, sei dir bewusst, wie wertvoll deine beiden Augen sind. Sie ermöglichen dir, in die Augen eines lieben Menschen zu schauen, einen wunderbaren Sonnenuntergang zu sehen, sie ermöglichen dir, zu lesen, einen Vogel zu sehen, der hoch am Himmel fliegt, und den Wolken nachzuschauen. So viele Dinge kannst du sehen, nur weil du Augen hast. Nimm dir die Zeit, das Geschenk deiner Sehkraft wertzuschätzen, und lass deine Augen sich ganz tief entspannen und zur Ruhe kommen. (...)

Falls eine Stelle in deinem Körper schmerzt oder krank ist, dann nimm dir jetzt die Zeit, dies wahrzunehmen, und sende ihr all deine Liebe zu. (...) Atme ein und lass alle Spannungen in dieser Stelle los. Wenn du ausatmest, lächle ihr mit großer Zärtlich-

keit und Fürsorge zu. (…) Sei dir bewusst, dass es noch andere Stellen deines Körpers gibt, die stark und gesund sind. Lass von den starken Bereichen deines Körpers Kraft zu dem schwachen oder kranken Bereich fließen. (…) Fühle wie die Energie deines übrigen Körpers den geschwächten Teil durchdringt und heilt. Atme ein und bejahe deine Fähigkeit zur Selbstheilung, atme aus und lass alle Sorgen und Ängste los, die du in deinem Körper festhältst. (…)

Einatmend und ausatmend lächle mit Liebe und Zuversicht der Stelle in deinem Körper zu, der es nicht gut geht. (…)

Wenn du einatmest, sei dir jetzt deines ganzen Körpers bewusst. Atme aus und genieße das Gefühl, wie dein Körper ganz ruhig und entspannt daliegt. (…) Lächle deinem Körper zu, wenn du einatmest, und sende deinem Körper Liebe und Mitgefühl zu, wenn du ausatmest. Spüre Dankbarkeit für alle Zellen deines Körpers. Lass deinen Körper sich noch tiefer und tiefer entspannen und ganz in die Unterlage einsinken.

Ganz langsam öffne nun wieder deine Augen, dehne dich, strecke die Arme über deinen Kopf, strecke deinen ganzen Körper und nimm dir genügend Zeit, ganz behutsam und achtsam in die Sitzhaltung zurückzukehren.

Setz die von dir generierte achtsame und ruhige Energie in deinen nächsten Aktivitäten fort und lass sie dich den ganzen Tag begleiten.

Achtsamkeit auf die Gefühle

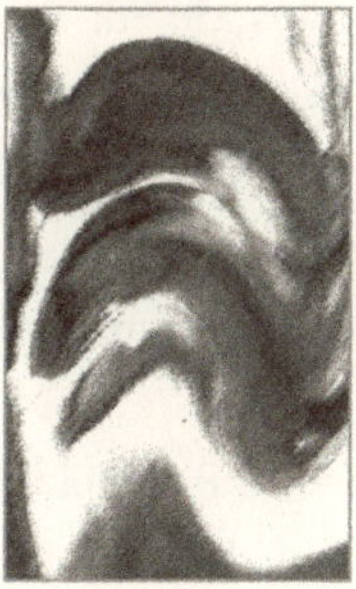

In der buddhistischen Tradition werden drei Arten von Gefühlen genannt: angenehme, unangenehme und neutrale Gefühle.

Jedes Mal, wenn sich ein Gefühl zeigt, sollten wir in der Lage sein, es zu erkennen. Wir brauchen das Gefühl nicht festzuhalten, nur weil es angenehm ist. Und wir versuchen auch nicht, das Gefühl zu unterdrücken, weil es unangenehm ist. Die Übung besteht einfach darin, sich des Gefühls bewusst zu sein und ihm zuzulächeln. Wir sollten uns immer darüber klar sein, dass wir mehr sind als nur unsere Gefühle und dass es uns möglich ist, uns um sie zu kümmern. Wir müssen nicht zu Opfern unserer Gefühle werden.

Angenommen Sie haben Zahnschmerzen; das ist sehr unangenehm. Dann werden Sie sich vielleicht daran erinnern, wie angenehm es war, als Sie keine Zahnschmerzen hatten. Im Allgemeinen denken wir, keine Zahnschmerzen zu haben sei ein neutrales Gefühl. Wahrscheinlich werden wir aber in dem Moment, wenn wir Zahnschmerzen haben, ahnen, dass keine Zahnschmerzen zu haben ein sehr angenehmes Gefühl ist. Wenn wir tiefer schauen und die scheinbar neutralen Gefühle eingehender betrachten, können wir erkennen, dass sie im Grunde stets Gefühle des Wohlbefindens sind. Wissen wir nicht, wie wir mit unseren neutralen Gefühlen umgehen sollen, dann beginnen wir uns oft zu langweilen. Mit der Energie der Achtsamkeit lassen sich neutrale Gefühle sehr leicht in angenehme Gefühle verwandeln.

Angenommen Sie sitzen zum Beispiel im Frühling auf einer grünen Wiese und genießen es, draußen zu sein, den Sonnenschein, den blauen Himmel, die grüne Wiese und die Pflanzen zu betrachten. Machen Sie sich bewusst, dass Sie gegenwärtig keine Erkältung oder Zahnschmerzen haben. Aus diesem Grund können Sie diesen Frühlingstag draußen vollkommen genießen. Sie sind glücklich, denn Sie sind sich all der Voraussetzungen Ihres Glücks in diesem Moment bewusst. Wenn Sie an Ihre Augen denken und Sie wissen, dass Ihre Augen in einem guten Zustand sind, dann ist das eine Bedingung für Ihr Glücklichsein. Es gibt ein Paradies von Formen und Farben. Sie brauchen nur Ihre Augen zu öffnen, um dieses Paradies zu berühren. Wir befinden uns in diesem Paradies, und trotzdem sind wir oft nicht glücklich, weil wir uns dieses Paradieses nicht bewusst sind.

Ich atme ein und ich bin mir meiner Augen bewusst.
Ich atme aus und mir steht ein Paradies von Formen und Farben zur Verfügung.

Mit Hilfe dieses Verses und des bewussten Atmens können wir uns eine Bedingung für unser Glücklichsein bewusst machen.

Der Buddha rät uns, mit der Energie der Achtsamkeit alle Bedingungen wahrzunehmen, die in *diesem* Moment für unser Glücklichsein vorhanden sind. Mit der Praxis der Achtsamkeit können wir unsere Freude und unser Glück kultivieren.

Vielleicht sind Sie noch jung; Sie haben kräftige Beine und können laufen und rennen. Das ist eine weitere Bedingung für Ihr Glücklichsein. Machen Sie sich eine Liste, die all die Bedingungen für Ihr Glücklichsein enthält, über die Sie bereits verfügen. Wenn Sie sich wieder einmal gelangweilt oder traurig und deprimiert fühlen, dann schauen Sie, wie viele Gründe es für Sie gibt, glücklich zu sein. Wenn wir überdies wissen, wie wir die Bedingungen für unser Glück kultivieren können, dann ist es für uns möglich, sehr weit auf dem Pfad der Übung voranzukommen. Dann sind wir auch in der Lage, uns um die negativen Energien in uns selbst zu kümmern.

Es gibt schmerzhafte Gefühle, die nicht von unserem Körper herrühren, sondern von unseren Vorstellungen. Das Gefühl der Angst, des Ärgers oder der Verzweiflung hat seinen Ursprung in unseren falschen Wahrnehmungen.

In Frankreich begehen jedes Jahr um die zwölftausend junge Menschen Selbstmord. Das bedeutet, dass sich täglich rund fünfunddreißig junge Männer oder Frauen in Frankreich das Leben nehmen. Wahrscheinlich ist die Situation in anderen europäischen Ländern ähnlich. Was können wir tun, um solche Tragödien zu vermeiden?

Ein junger Mensch nimmt sich das Leben, weil er mit den starken Emotionen, die ihn überwältigen, nicht zurechtkommt.

Er glaubt, dass der einzige Ausweg aus seinem Leiden darin besteht, Selbstmord zu begehen. Aus diesem Grund ist es so wichtig, dass wir lernen, wie wir uns um unsere starken Emotionen kümmern können, wenn sie in uns aufsteigen. Wenn wir dazu in der Lage sind, dann können wir den jungen Menschen dabei helfen, mit starken Emotionen umzugehen. Eine starke Emotion ist wie ein Sturm. Wenn wir nicht fest auf dem Boden stehen, dann wird er uns zerstören.

Das Erste, was wir uns bewusst machen müssen, ist die Tatsache, dass ein Sturm eine Weile bleibt und dann auch wieder geht. Es gibt eine Reihe von Dingen, die wir tun können, um uns vor dem Sturm zu schützen. Wir wissen, dass Gefühle kommen, für eine Weile bleiben und wieder verschwinden. Warum sollten wir wegen eines starken Gefühls sterben? Wir müssen uns bewusst machen, dass wir mehr sind als unsere Gefühle. Jeder von uns hat die Samen der Verzweiflung und des Ärgers in sich. Aber wir tragen auch die Samen des Verstehens, des Mitgefühls und der Erleuchtung in uns. Der Samen der Hölle ist in uns, aber auch der Samen des Paradieses. Wir müssen den positiven Elementen in uns vertrauen, denn sie sind immer für uns da. In schwierigen Momenten können wir zu ihnen Zuflucht nehmen. Wenn uns das gelingt, überleben wir diesen Sturm und gewinnen die Sicherheit, dass wir stabiler sind, als wir dachten.

Übungen

Bauchatmung

Ein Mensch kann mit einem Baum verglichen werden; wir haben den Wipfel und den Stamm. Während eines Sturmes, während einer starken Emotion, sollten wir nicht oben in unserem Wipfel bleiben, sondern unsere ganze Aufmerksamkeit herunter auf unseren Stamm lenken. Er befindet sich in der Höhe unseres Bauches, unterhalb unseres Bauchnabels.

Wenn Sie fühlen, dass eine starke Emotion naht, dann nehmen Sie die Haltung für die Sitzmeditation ein. Diese Position des Körpers ist eine der stabilsten Positionen. Sie sitzen wie ein Berg. Sie beginnen achtsames Atmen zu praktizieren und richten Ihre ganze Aufmerksamkeit auf Ihren Unterbauch. Bleiben Sie nicht auf der Ebene Ihres Geistes, denn dort findet das Denken statt und werden Vorstellungen gebildet. In diesem Moment ist es angebracht, hundert Prozent Ihrer Aufmerksamkeit auf den Unterbauch zu lenken und das Heben und Senken der Bauchdecke zu spüren. Vielleicht möchten Sie tiefes Atmen praktizieren. Sie können sich auch hinlegen und Ihre beiden Hände auf den Unterbauch legen. Richten Sie Ihre ganze Aufmerksamkeit auf den Atem. Während dieser Zeit findet kein Denken statt. Sie werden einfach eins mit Ihrer Ein- und Ausatmung. Wenn Sie gerne liegen, dann können Sie gegebenenfalls auch eine Wärmflasche benutzen und sie sich auf den Bauch legen. Sie kann dabei helfen, den Bereich unterhalb des Bauchnabels zu erwärmen.

Sie sitzen oder liegen da und praktizieren tiefe Bauchatmung, bis der Sturm vorüber ist. Er mag vielleicht fünf, zehn oder fünfzehn Minuten andauern, und der Sturm reißt Sie vielleicht immer wieder einmal mit, aber Sie kehren stets wieder zur Bauchatmung zurück. Ich bin mir sicher, dass es Ihnen mit ein wenig Übung leicht fallen wird, einen Sturm zu überleben. Wenn Ihnen das einmal gelungen ist, dann besitzen Sie beim nächsten Mal mehr Selbstvertrauen und Sie wissen, dass Sie das Gleiche tun können, sollten das nächste Mal starke Emotionen Sie zu überwältigen drohen. Nehmen Sie Zuflucht zu Ihrer achtsamen Ein- und Ausatmung, wenn Angst, Verzweiflung oder Panik übermächtig zu werden drohen. Haben Sie Vertrauen zu den positiven Elementen, die Sie in sich tragen. Seien Sie sich bewusst, dass Sie viel mehr sind als nur diese Emotion. Sie sind wie das Meer, und eine starke Emotion ist wie eine große Welle.

Es ist sehr wichtig, dass Sie die Bauchatmung nicht erst praktizieren, wenn sich starke Emotionen in Ihnen manifestieren. Üben Sie während des Tages für ein paar Minuten die Bauchatmung. Es ist eine sehr angenehme Übung. Nach ein paar Wochen wird sie zu einer angenehmen Gewohnheit werden. Wenn sich dann eine starke Emotion in Ihnen entwickelt, werden Sie sich ganz schnell an sie erinnern.

Gefühle während des Tages wahrnehmen

Halten Sie mehrere Male am Tag inne und nehmen Sie Ihren Atem wahr. Welche Gefühle sind in diesem Moment gegenwärtig? Wo macht sich das Gefühl jeweils im Körper bemerkbar? Inwiefern verändern sich die Gefühle? Halten Sie die Gefühle nicht fest, sondern beobachten Sie sie nur. Kehren Sie nach einer Weile zu Ihren Alltagsaktivitäten zurück.

Achtsamkeit im Umgang mit anderen

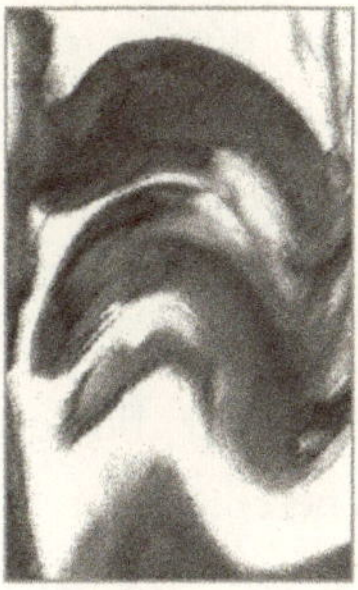

Die Energie der Achtsamkeit hilft uns dabei, vollkommen gegenwärtig zu sein. Wenn wir ganz gegenwärtig sind, können wir erkennen, was in uns und um uns herum geschieht. Was da ist, ist das Leben mit all seinen Wundern. Vor unseren Augen ist das Leben mit all seinen Wundern und sind die Menschen, die wir lieben.

Zu lieben bedeutet, sich der Gegenwart eines geliebten Menschen bewusst zu sein. Dann erkennen wir seine Gegenwart als etwas sehr Kostbares. »Liebling, ich weiß, dass du da bist. Ich weiß, dass du lebendig bist, und das macht mich glücklich.« Wenn wir so praktizieren, benutzen wir unsere Achtsamkeit, um uns der Gegenwart des anderen bewusst zu werden. Diese Praxis ist aber nur dann möglich, wenn wir achtsam immer wieder zu uns selbst zurückkehren und ganz gegenwärtig werden. Wir umarmen die Person, die wir lieben mit unserer Achtsamkeit, und sie wird wie eine Blume erblühen.

Wahrhaft zu lieben bedeutet, für einen Menschen ganz da zu sein und seine Gegenwart zu erkennen. Das größte Geschenk, dass wir ihm machen können, ist unsere wahre Anwesenheit. Möglicherweise verdienen Sie in Ihrem Beruf viel Geld, aber was wirklich zählt, ist Ihre tatsächliche Anwesenheit.

Ich kenne einen Jungen, der an seinem zwölften Geburtstag von seinem Vater gefragt wurde, was er sich von ihm wünsche. Der Junge schaute etwas verlegen. Sein Vater ist ein sehr reicher Geschäftsmann, und er hätte dem Jungen alles kaufen können, was der sich gewünscht hätte. Der Junge zögerte, denn wonach er sich am meisten sehnte, war die Anwesenheit seines Vaters. Dieser war ein äußerst beschäftigter Mann. Er widmete seine ganze Zeit dem Erfolg seines Geschäfts, und so hatte er keine Zeit für sich selbst, für seine Frau und seine Kinder. Nach einigem Zögern sagte der Junge: »Papa, was ich möchte, bist du. Was ich mir wirklich wünsche, bist du.«

Viele von uns sind so beschäftigt, wir haben keine Zeit für uns selbst und keine Zeit für unsere Lieben. Hätte der Vater des Jungen damals die Praxis der Achtsamkeit gekannt, dann hätte er ein paar Mal geatmet und wäre ganz gegenwärtig geworden. Dies erfordert kaum Zeit, vielleicht eine halbe Minute. Dann hätte er sich neben seinen Sohn setzen, seine Hand nehmen und ihm in die Augen schauen können. Er hätte gelächelt und dann gesagt: »Lieber Sohn, jetzt bin ich ganz für dich da.«

Wenn wir so praktizieren, ist dieser Satz keine Behauptung, sondern Wahrheit. Alles, was wir tun müssen, ist eine halbe Minute ruhig ein- und auszuatmen. Dies ist keine schwere Arbeit, sondern etwas ganz Angenehmes. Und es kostet nichts.

Im Buddhismus sprechen wir von *Mantras* oder *Dharanis*, eine Art magischer Formeln, die Wunder bewirken können. Die Sätze oder Verse, die ich Ihnen im ersten Kapitel genannt habe, sind

Beispiele für derartige Mantras. Spricht man einen dieser Sätze mit voller Achtsamkeit und Konzentration, dann kann sich die ganze Situation verwandeln.

Ich möchte Sie vier weitere Mantras lehren. Das erste Mantra lautet:

Liebling, ich weiß, dass du da bist, und ich bin glücklich.

Ein zweites Mantra heißt:

Liebling, ich bin ganz für dich da.

Es ist nicht notwendig, diese Mantras auf Sanskrit oder Tibetisch auszusprechen; Sie können sie auch auf Deutsch üben. Die Wirkung der Mantras hängt allein von Ihrer Achtsamkeit und Konzentration ab; sprechen Sie es voller Achtsamkeit, dann ist das Mantra äußerst wirkungsvoll und kann Freude und Glück bringen. Dabei nutzen Sie die Energie der Achtsamkeit, um sich selbst und dem anderen eine Freude zu bereiten. Niemand kann uns daran hindern, diese Mantras mehrmals täglich zu praktizieren. Sogar mit dem Handy ist das möglich.

Ein drittes Mantra, das ich Ihnen anbieten möchte, lautet:

Liebling, ich weiß, dass du leidest, und ich bin ganz für dich da.

Die Menschen, die wir lieben, leiden von Zeit zu Zeit, und wenn wir achtsam sind, können wir dies sofort erkennen.

Es ist sehr wichtig, dass Sie sich Zeit nehmen, um Achtsamkeit zu praktizieren, und dann auf den Menschen, den Sie lieben, zugehen. »Liebling, ich weiß, dass du leidest, und deswegen bin ich da für dich.« Sie haben noch gar nichts Besonderes getan; Sie sind nur ganz für den anderen da. Allein schon Ihre wahre Anwesenheit kann bereits sehr viel Erleichterung bringen. Wenn Sie sich tief verletzt fühlen und leiden und Ihr Partner dies nicht bemerkt, dann vergrößert sich Ihr Schmerz.

Wie immer wir auch beschäftigt sein mögen, die Übung der Achtsamkeit hilft uns dabei zu erkennen, wenn jemand in unserer Nähe leidet. Auch das ist wahrhaftige Liebe.

Diese drei *Mantras* sind sehr leicht zu üben; jede und jeder von uns kann bereits beim ersten Mal damit Erfolg haben. Das vierte ist etwas schwieriger zu praktizieren, aber vielleicht werden Sie es irgendwann in der Zukunft brauchen.

Liebling, ich leide, bitte hilf mir.

Das klingt sehr einfach, aber wenn die Situation erst einmal da ist, dann werden Sie feststellen, dass es doch nicht so einfach ist. Wenn Sie leiden und glauben, dass Ihr Leiden von dem Menschen verursacht wird, den Sie am meisten auf dieser Welt lieben, dann kann Ihr Schmerz übermächtig sein und das Letzte, was Sie tun mögen, ist, ihn um Hilfe zu bitten. Am liebsten würden Sie dem anderen sagen, dass Sie ihn nicht brauchen und Sie sich ganz gut alleine zurechtfinden. Handelte es sich um einen fremden Menschen, dann würden Sie viel weniger leiden.

Vielleicht ziehen Sie es vor, sich in Ihr Zimmer einzuschließen und alleine zu weinen, anstatt sich von ihm oder ihr helfen zu lassen. Sie ärgern sich so über die andere Person, und wenn sie dann kommt und fragt, ob alles in Ordnung sei, dann sagen Sie: »Ja, alles in Ordnung.« Fragt sie, ob wir leiden, dann äußern wir: »Ich, leiden, warum sollte ich leiden?« Versucht der andere, seine Hand auf Ihre Schulter zu legen, dann sagen Sie: »Lass mich in Ruhe!« Sie fühlen sich so tief verletzt und Sie sind stolz. Tief in Ihnen ist der Wunsch vorhanden, den anderen zu bestrafen. Oder Sie möchten ihm beweisen, dass Sie keine Hilfe benötigen und auch alleine ganz gut zurechtkommen. Deshalb ist dieses vierte Mantra »Liebling, ich leide, bitte hilf mir« so schwer zu praktizieren.

Ich möchte Ihnen eine Geschichte erzählen, die sich im fünfzehnten Jahrhundert in Vietnam zugetragen hat.

Damals herrschte Krieg und ein junger Mann wurde in die Armee eingezogen und an die Front geschickt. Seine Frau war schwanger. Als sie sich trennen mussten, weinten beide sehr. Glücklicherweise überlebte er den Krieg, und drei Jahre später konnte er zu seiner Frau zurückkehren.

Die junge Mutter kam zum Eingang des Dorfes, um ihren Mann zu begrüßen. Sie fielen sich in die Arme und weinten, denn sie waren so glücklich, sich nach der langen Zeit der Trennung wiederzusehen. Dann fragte die Frau, ob sie zum Markt gehen könne, um Obst und Gemüse einzukaufen. Der vietnamesischen Tradition gemäß wird den Ahnen am Altar ein Opfer dargebracht und ihnen von dem Ereignis berichtet, wenn etwas Wichtiges in der Familie passiert.

Während die Mutter auf dem Markt war, spielte der junge Vater draußen mit seinem Sohn, den er zum ersten Mal sah, und er versuchte ihn zu überreden, ihn »Papa« zu nennen. Der Junge weigerte sich und sagte: »Herr, Sie sind nicht mein Vater. Mein Vater ist derjenige, der jeden Abend zu uns nach Hause kommt. Wenn meine Mutter sich an den Tisch setzt, setzt er sich auch, und wenn meine Mutter sich schlafen legt, legt er sich auch schlafen.«

Als der junge Mann das hörte, waren seine ganze Freude und sein Glück mit einem Mal verschwunden. Er glaubte, dass es jemand anderen gebe, der mit seiner Frau zusammen war. Der Mann ging mit dem Jungen nach Hause und sprach kein Wort mehr. Er litt so sehr, dass er wie ein Block Eis wurde.

Als die junge Frau nach Hause kam, schaute er sie nicht mehr an und sprach nicht mehr mit ihr. Er weigerte sich, ihre Fragen zu beantworten. Seine Frau konnte nicht begreifen, was geschehen sein konnte, während sie auf dem Markt gewesen war. Sie litt sehr, aber auch sie sprach nicht mehr.

Nachdem sie die Opfergabe vorbereitet und auf den Altar gestellt hatte, rollte der Mann die Matte aus, zündete Räucherstäbchen an und berichtete den Ahnen von seiner Rückkehr. Dann verbeugte er sich und rollte die Matte auf, denn er erlaubte seiner Frau nicht, sich ebenfalls vor den Vorfahren zu verbeugen, weil er sie als unwürdig betrachtete. Der junge Mann war fest davon überzeugt, dass sie in seiner Abwesenheit ein schweres Vergehen begangen habe.

Der Tradition nach wäre die ganze Familie am Abend zusammenkommen, um das gemeinsame Essen zu genießen, aber der junge Mann verließ sofort das Haus und ging in eine Schenke. Dort blieb er den ganzen Abend und betrank sich, um sein Leiden zu vergessen.

Am nächsten Morgen kam er um drei Uhr früh nach Hause, schlief lange und ging dann gleich wieder in die Kneipe. Das tat er drei Tage hintereinander. Seine Frau konnte das nicht länger ertragen. Sie ging zum Fluss und ertränkte sich.

Als er vom Tod seiner Frau hörte, kehrte der junge Mann nach Hause zurück, um sich um seinen Sohn zu kümmern. Am Abend zündete er die Öllampe an. Plötzlich rief sein Sohn: »Herr, sehen Sie, da ist mein Vater«, und er deutete auf den Schatten an der Wand. Der Junge sagte: »Das ist mein Vater, er kam jeden Abend. Wenn meine Mutter sich setzte, setzte er sich auch hin, wenn meine Mutter schlafen ging, ging er auch schlafen. Genau wie ich es Ihnen erzählt habe.«

Es hatte nie einen Fremden gegeben, der in die Familie eingedrungen war. Eines Tages, als der Sohn vom Spielen nach Hause gekommen war, hatte er seine Mutter gefragt: »Mama, alle anderen Kinder haben einen Vater. Wo ist mein Vater?« Die Mutter hatte auf ihren Schatten an der Wand gezeigt und zu ihrem kleinen Jungen gesagt: »Schau, das ist dein Vater. Sag Guten Tag zu ihm.«

Die Mutter hatte ihren Mann so sehr vermisst, dass sie häufig am Abend mit ihrem eigenen Schatten gesprochen hatte. »Liebling, du bist schon so lange weg. Wie kann ich alleine unseren Sohn großziehen?« Und sie weinte. Natürlich legte sich ihr Schatten hin, wenn sie sich hinlegte.

In diesem Moment verstand der junge Mann, dass er das Opfer seiner falschen Wahrnehmungen geworden war. Drei Tage und drei Nächte hatte er auf der Grundlage seiner falschen Wahrnehmungen gehandelt. So war er für den Tod des Menschen verantwortlich, den er am meisten auf der Welt geliebt hatte. Nun war es zu spät. Als die Dorfbewohner von dieser Geschichte hörten, waren sie sehr bewegt. Sie bauten am Flussufer einen Schrein für die junge Frau. Eines Tages kam der König auf diesem Weg entlang. Er sah den Schrein und fragte die Menschen nach seiner Bedeutung. Die Dorfbewohner erzählten ihm diese Geschichte. Der König war so berührt, dass er für die Frau ein Gedicht schrieb, das heute noch viele Vietnamesen auswendig kennen. Und dank dieses Gedichtes kennen viele Menschen diese Geschichte.

Hätte dieses Paar das vierte Mantra praktiziert, dann hätte diese Tragödie vermieden werden können. Der junge Mann hätte zu seiner Frau gehen und ihr sagen können: »Liebling, ich leide so sehr! Unser Sohn hat mir erzählt, dass jeden Abend ein Mann in unser Haus kam und dass er ihn Papa nennt. Sag mir, warum hast du mir das angetan?« Hätte der junge Mann dies gesagt, dann hätte seine Frau die Gelegenheit gehabt, das Missverständnis aufzuklären. Aber er tat es nicht, weil er zu stolz war. Die Frau beging genau den gleichen Fehler. Sie hätte zu ihrem Mann gehen und Folgendes sagen können: »Liebling, ich leide so sehr! Seit ich vom Markt zurückgekommen bin, sprichst du nicht mehr mit mir. Was habe ich getan?« Hätte sie ihn auf diese Weise angesprochen, dann hätte ihr Mann ihr sicher erzählt, was der kleine Junge ihm berichtet hatte. Auch auf ihrer Seite war der Stolz zu groß.

Wir sollten uns unserer Wahrnehmungen nicht so sicher sein. Der größte Teil unseres Leidens und unseres Schmerzes wird von unseren falschen Vorstellungen verursacht. Ich hoffe, dass Sie nicht den gleichen Fehler machen wie dieses junge Paar. Das nächste Mal, wenn Sie leiden und glauben, dass die Ursache dafür bei dem Menschen liegt, den Sie lieben, dann warten Sie nicht, sondern gehen zu ihr oder ihm und sprechen Sie Ihr Leiden an. Bitten Sie ihn oder sie liebevoll, Ihnen zu erklären, warum sie oder er so etwas gesagt oder getan hat. Die Praxis der Achtsamkeit kann Sie dabei unterstützen.

Die Übung, unsere falschen Vorstellungen aufzulösen, ist die grundlegende Übung für Frieden in der Welt. Wir können Terrorismus, Hass und Gewalt nicht mit Bomben beseitigen. Sie können andere Menschen töten, aber nicht den Hass, die Gewalt und den Ärger. Im Gegenteil, wenn wir Waffen einsetzen und Menschen töten, werden wir die Angst und die Gewalt nur weiter schüren. Aus diesem Grund benötigt auch unser politisches Leben dringend eine spirituelle Dimension, denn sonst sind Krieg und Zerstörung weiterhin Teil unseres Lebens.

Jeder trägt den Samen der Liebe und des Mitgefühls in sich. Wenn diese Samen zu Blumen erblüht sind, dann sind Menschen dazu in der Lage, im Dialog Frieden zu stiften. Ich bin fest davon überzeugt, dass Versöhnung und Frieden bereits nach wenigen Stunden der Praxis möglich sind.

Zwei Krieg führende Parteien oder Gruppen sind sich ihrer

eigenen Wahrnehmungen viel zu sicher. Sie glauben fest an die Absicht der anderen, sie zu zerstören – als Land, als Nation oder Religion.

Die Israelis sind beispielsweise der Auffassung, dass ihr Leiden von den Palästinensern verursacht werde, und die Palästinenser glauben umgekehrt, dass ihr Leiden von den Israelis stamme. Auf jeder Seite findet sich so viel Verzweiflung, Angst und Wut. Würden sich beide Parteien gemeinsam hinsetzen und ohne sich gegenseitig zu beschuldigen von ihrem Leiden und ihrer Situation berichten, dann würden sie sich gegenseitig besser verstehen und ihre falschen Wahrnehmungen abbauen können. Dann wäre Frieden möglich.

Aus diesem Grund ist es so entscheidend, Achtsamkeit zu praktizieren und liebevolle Rede und achtsames Zuhören zu üben, um die eigenen und die falschen Vorstellungen der anderen auflösen zu können.

Ich bitte Freunde und Freundinnen oft darum, den Satz: »Bist du sicher?« auf ein Stück Papier zu schreiben und sich auf den Tisch oder an den Spiegel zu kleben. Wenn Sie leiden, dann haben Sie meist eine feste Vorstellung davon, was der Grund dieses Leidens ist. Ihre Achtsamkeit und Konzentration können Ihnen dabei helfen, tief in diese Vorstellung hineinzuschauen und zu prüfen, ob sie überhaupt wahr ist.

Auch unser Ärger hat seine Ursache in unserer Art zu denken. Wenn wir ärgerlich sind, leiden wir. Der Buddha rät uns, wenn wir ärgerlich oder wütend sind, zuerst zu uns selbst zurückzukehren und unseren Ärger als existent anzuerkennen. Dies geschieht in derselben Weise, in der wir auch körperliche Schmerzen zunächst als eine Wirklichkeit anerkannt haben:

Einatmend bin ich mir meines Ärgers bewusst.
Ausatmend lächle ich meinem Ärger zu.

Wenn wir in dieser Weise praktizieren, erkennen wir, dass der Ärger nicht die einzige Energie ist, die in diesem Moment in uns vorhanden ist; auch die Energie der Achtsamkeit lebt in uns.

Wenn wir mit der Praxis noch nicht vertraut sind, glauben wir im Allgemeinen, dass die Ursache unseres Ärgers eine andere Person ist oder durch einen bestimmten Umstand verursacht wurde. In diesem Fall suchen wir Erleichterung darin, den oder die andere zu bestrafen. Wir glauben daran, dass wir dadurch weniger leiden würden. Im Grunde aber wissen wir, dass uns dies nicht weiterhilft, weil sich die andere Person dann ebenfalls ärgert und ihrerseits versucht, uns zu verletzen. Dadurch leiden wir nur noch mehr. Das ist die Praxis der Eskalation des Ärgers. Aus diesem Grund sollten wir diese Gewohnheit aufgeben und dem Rat des Buddha folgen, nämlich zunächst nichts zu tun, wenn Ärger oder Wut in uns aufsteigt, sondern uns um diese Energie in uns zu kümmern.

Wenn wir wissen, wie wir unseren Ärger zärtlich umarmen können, dann werden wir bereits nach einigen Minuten Erleichterung verspüren. Ähnlich wie eine Mutter, die ihr Baby zärtlich in den Armen hält, kümmern wir uns um unseren Ärger. Die Mutter arbeitet vielleicht gerade in der Küche, aber wenn sie das Baby schreien hört, dann unterbricht sie sofort ihre Arbeit, geht in das Kinderzimmer, nimmt ihr Kind auf und hält es zärtlich in den Armen.

Im ersten Moment weiß sie vielleicht nicht, warum es weint. Allein die Tatsache, dass es im Arm gehalten wird, beruhigt das Baby aber bereits meist. Die Zärtlichkeit der Mutter strömt in den Körper des Kindes ein, und es erfährt allein schon deshalb Erleichterung.

Eine Praktizierende verhält sich in ähnlicher Weise. Wenn sie Ärger verspürt, dann unterbricht sie alle ihre Tätigkeiten und sie nimmt ihren Ärger liebevoll in die Arme. Diese Übung hat nichts damit zu tun, unseren Ärger zu unterdrücken, sondern wir erkennen ihn an, und wir erlauben ihm, da zu sein. Wir lächeln ihm zu.

Oft kann es überaus hilfreich sein, draußen Gehmeditation zu üben und dabei den Ärger zärtlich zu halten. Wenn wir uns beruhigt haben, sind wir dann dazu in der Lage, mit Achtsamkeit und Konzentration tief in die Ursachen unseres Ärgers hineinzuschauen.

Wenn wir in unseren Beziehungen Schwierigkeiten bemerken, dann sollten wir diese keinesfalls ignorieren, denn das Leiden auf beiden Seiten ist oft sehr groß. Ich bin sicher, dass Sie nach einigen Tagen der Praxis des Atmens, Gehens, Beruhigens und des tiefen Schauens in der Lage sein werden, sich zu versöhnen und in Frieden zu leben.

Angenommen ein Vater lädt seinen Sohn dazu ein, sich neben ihn zu setzen, und wendet sich ihm dann mit liebevollen Worten zu: »Mein lieber Sohn, ich weiß, dass du in den letzten Wochen viel gelitten hast. Ich war nicht in der Lage, dir zu helfen. Im Gegenteil, ich habe die Situation sogar noch verschlimmert. Da ich nicht genau verstehe, was in dir vorgeht, habe ich Dinge gesagt und getan, welche die Situation für dich noch schwieriger gemacht hat. Das tut mir Leid. Ich möchte nicht so weitermachen. Ich möchte etwas tun, um dir zu helfen. Bitte sage mir, wo ich ungeschickt gewesen bin, was ich getan oder gesagt habe, das dir wehgetan hat. Ich möchte nicht die gleichen Fehler wieder machen. Du bist mein Sohn, meine Fortführung, und ich möchte nicht, dass du leidest. Aber ich brauche deine Hilfe. Bitte sprich mit mir über deine Schwierigkeiten und sage mir, was ich tun kann, um dir zu helfen.«

Wenn ein Vater auf diese Weise spricht, gibt er zu, dass er falsche Vorstellungen von sich selbst und seinem Sohn hat. Das ist gleichzeitig eine Einladung an den Sohn, bei sich zu schauen, ob auch er falsche Vorstellungen von sich selbst und seinem Vater hat. Mit Hilfe der Übung des tiefen, mitfühlenden Zuhörens und der liebevollen Rede können wir die Kommunikation zwischen uns immer wieder neu herstellen. Und wenn wir miteinander kommunizieren können, dann sind wir auch dazu in der Lage, die falschen Vorstellungen in uns selbst und im anderen aufzulösen.

Vielleicht ist die Situation aber so, dass es Ihnen schwer fällt, mit der anderen Person liebevoll zu sprechen und ihr mitfühlend zuzuhören. In diesem Fall ist es auch möglich, ihr beispielsweise einen Brief zu schreiben. Nachdem Sie etwa zwanzig Minuten Gehmeditation für sich selbst praktiziert haben und sich der Ärger in Ihnen beruhigt hat, können Sie über die Möglichkeiten nachdenken, wie Sie die Kommunikation mit dem anderen Menschen erneuern können.

Schauen Sie tief in die Situation der anderen Person, dann werden Sie erkennen, dass auch sie sehr leidet. Dann entsteht auf natürliche Weise Mitgefühl in Ihnen, und Sie werden Worte finden, welche die Kommunikation zwischen Ihnen wieder zu öffnen vermag.

Wenn es uns innerhalb von vierundzwanzig Stunden nicht gelingt, unseren Ärger aufzulösen, dann sollten wir dies der anderen Person mitteilen. Wir sollten sie darüber informieren, dass wir uns ärgern, dass wir leiden und dass wir wollen, dass sie es weiß. Wenn wir dazu in der Lage sind, auszusprechen, dass wir leiden, dann erfahren wir bereits etwas Linderung.

Es gibt drei Sätze, die wir dem anderen Menschen zukommen lassen können.

Der erste Satz lautet:

Lieber Freund / liebe Freundin, ich leide und ich möchte, dass du es weißt.

Sie können noch Folgendes voranschicken: »Ich weiß nicht, warum du dieses gesagt oder getan hast, aber ich leide und ich möchte, dass du es weißt.«

Der zweite Satz ist:

Ich tue mein Bestes, um zu praktizieren.

Das bedeutet, dass Sie achtsames Atmen und Gehen geübt und versucht haben, in Ihren Ärger hineinzuschauen, aber noch keinen Erfolg hatten.

Der dritte Satz lautet:

Lieber Freund / liebe Freundin, bitte hilf mir.

Es ist ungesund, Ihren Ärger oder Ihre Wut mehr als vierundzwanzig Stunden für sich zu behalten. Ich schlage vor, dass Sie diese drei Sätze auf ein Kärtchen in der Größe einer Visitenkarte schreiben. Sie können es in Ihre Brieftasche stecken und immer bei sich tragen. Jedes Mal, wenn Sie sich ärgern, dann nehmen Sie das Kärtchen, lesen Sie die drei Sätze, und dann wissen Sie genau, was Sie zu tun haben.

Diese drei Sätze repräsentieren den Buddha, der immer für Sie da ist. Wenn Sie die Sätze der anderen Person als Mitteilung zukommen lassen, können diese Sätze für sie beide als eine Einladung zum Praktizieren wirken. Der oder die andere hat damit die Gelegenheit erhalten, nachzudenken und sich zu fragen: »Was habe ich getan, dass sie oder er sich so verletzt fühlt?« Der zweite Satz wird in der anderen Person Respekt hervorrufen, denn sie weiß, dass Sie, anstatt zu schreien oder zu strafen, praktiziert haben. Dadurch wird sie dazu ermutigt, ebenfalls zu praktizieren.

Übungen

Meditation der Liebenden Güte (Metta-Meditation)

Die Übung von *Metta* (Pali) oder Liebender Güte ist eine wunderbare Möglichkeit, Freundschaft mit uns selbst und allen Wesen zu schließen. Das Grundbedürfnis, das hinter allen unseren Handlungen steht, ist der Wunsch nach Glück. Alle Wesen möchten in Frieden und ohne Angst oder Schmerzen leben. Diese Wünsche verbinden uns mit allem, was lebt.

Wir können *Metta* in uns kultivieren, indem wir Sätze wiederholen, die benennen, was wir uns wünschen, erst für uns selbst und dann für andere.

Übung 1

Setzen Sie sich aufrecht und bequem auf ein Kissen, einen Hocker oder Stuhl und werden Sie sich Ihres Ein- und Ausatmens bewusst. Genießen Sie einfach Ihren Atem für die nächsten Minuten. Beginnen Sie dann damit, die unten aufgeführten Sätze zu wiederholen. Die Sätze können wir entweder mit der Bewegung unseres Atems koordinieren oder einfach in unseren Geist einsinken lassen. Wir beginnen zuerst damit, *Metta* für uns selbst zu entwickeln. Es ist wichtig, dass wir nicht versuchen, liebevolle Gefühle in uns zu erzwingen. Wenn Gefühle wie Unlust, Schmerz oder Trauer auftauchen, atmen wir ruhig weiter. Wir akzeptieren diese Gefühle, lassen sie los und kehren zu den Sätzen zurück.

Haben wir *Metta* eine Zeit lang auf uns selbst gerichtet geübt, praktizieren wir Liebende Güte für ein Lebewesen (einen Menschen oder auch ein Tier), der oder das uns Gutes getan hat, für den oder das wir Dankbarkeit, Liebe oder Respekt empfinden.

Der nächste Schritt besteht darin, *Metta* auf jemanden zu richten, mit dem wir keine besondere Abneigung oder Zuneigung verbinden. Schließlich senden wir *Metta* zu jemandem aus, auf den wir wütend sind oder durch den wir sehr verletzt wurden. Indem wir langsam unsere Grenzen in Richtung derjenigen Menschen öffnen, mit denen wir Schwierigkeiten haben, wird unsere Liebe allmählich zu grenzenloser, bedingungsloser Liebe.

Möge ich[*] *friedvoll, glücklich und gelöst sein in Körper und Geist.*
Möge ich frei sein von Verletzung und Kränkung.
Möge ich frei sein von Wut, Verstrickung, Furcht und Ängstlichkeit.

Möge ich lernen, mich selbst mit den Augen der Liebe und des Verstehens zu betrachten.
Möge ich fähig sein, die Samen der Freude und des Glücks in mir zu erkennen und zu berühren.

* Kann ersetzt werden durch: »mögest du …«, »möge er/sie …«, »mögen sie …«

Möge ich lernen, die Quellen von Ärger, Verlangen und Täuschung in mir festzustellen und zu erkennen.
Möge ich erfahren, wie ich die Samen der Freude täglich in mir nähren kann.
Möge ich fähig sein, frisch, gefestigt und frei zu leben.
Möge ich frei sein von Anhaftung und Ablehnung, nicht aber gleichgültig.

Übung 2

Eine weitere Möglichkeit, Metta in uns zu kultivieren, ist die folgende geleitete Meditation. Jemand, der mit dieser Form der Übung vertraut ist, kann uns den folgenden Text* vorlesen, oder wir können ihn auf eine Tonbandkassette sprechen. Mit wachsender Vertrautheit mit der Übung werden wir unsere eigenen Worte finden. Die Meditation dauert etwa zwanzig Minuten.

Setzen Sie sich aufrecht und bequem auf ein Kissen, einen Hocker oder Stuhl und werden Sie sich Ihres Ein- und Ausatmens bewusst. Genießen Sie einfach Ihren Atem für die nächsten Minuten.

* Der Text dieser Metta-Meditation stammt von der CD »Mit den Augen der Liebe – Tiefenentspannung, Liebende-Güte-Meditation« und kann im Intersein-Zentrum für Leben in Achtsamkeit *Haus Maitreya* bezogen werden.

*Einatmend nehme ich den Zustand meines Geistes, so wie er jetzt ist, wahr. Ausatmend lasse ich meinen Geist ruhig und friedvoll werden. (...)**

Jetzt richte ich meine Aufmerksamkeit auf jenen Teil meines Geistes, der ruhig, verständnisvoll, mitfühlend und klar ist. (...) Ich verbinde mich mit diesem heilen Teil in mir. Dies gibt mir die Kraft und Stabilität, mich mit demjenigen Teil in mir zu verbinden, der verletzt wurde, der sich missverstanden, frustriert oder verbittert fühlt, der zornig ist oder der in Beziehungen gelitten hat. (...)

Ich atme ein und spüre, wie der liebevolle Aspekt wie ein guter Freund für mich da ist, vorbehaltlos, offen und ohne mich zu verurteilen. Ich atme aus und spüre wie sich mein Herz weit öffnet und sich dem verletzten und missverstandenen Aspekt in mir zuwendet. (...)

Einatmend verbinde ich mich mit dem liebevollen und heilen Teil in mir, ausatmend wende ich mich dem verletzten und missverstandenen Teil in mir zu. (...)

So gestärkt nehme ich jetzt mein gesamtes Leiden, meinen Schmerz und Zorn an und atme sie ein. Wenn ich ausatme, lasse ich mir selbst Liebe, Wärme, Vertrauen und Heilung zuströmen. (...) Mein Leiden und meinen Schmerz annehmend, wenn ich einatme, mir Vertrauen und Heilung zuströmen lassend, wenn ich ausatme. (...)

Ich nehme alles Leiden an, wenn ich einatme, ich lasse mir Wärme, Vertrauen und Heilung zuströmen, wenn ich ausatme.

* Pause

Auf diese Weise erfahre ich, wie mein Geisteszustand ruhiger geworden ist. Ich habe die Energie von Freude und Liebe in mir gestärkt und kann sie nun auch an andere weitergeben.

Ich denke nun an einen Menschen, der leidet, oder an mehrere Menschen. Einatmend nehme ich den Schmerz und das Leiden dieser Menschen an. Ausatmend gebe ich meine Stabilität, Freude und Liebe diesen Menschen weiter. (...) Einatmend nehme ich das Leid und den Schmerz des anderen an, ausatmend lasse ich ihm Liebe und Mitgefühl zuströmen. (...) Das Leiden und den Schmerz des anderen annehmend, wenn ich einatme, dem anderen Vertrauen und Heilung zuströmen lassend, wenn ich ausatme. (...) Einatmend den Schmerz und das Leiden des anderen annehmend, ausatmend dem anderen Liebe und Heilung zuströmen lassend. (...)

Ich kann jetzt spüren, wie sich die Energie der Liebe verstärkt, wenn ich sie an andere weitergebe, und ich kann erfahren, wie aus Leiden tiefes Mitgefühl geboren wird.

Tiefes Zuhören – dem Atem folgen bei einem Gespräch

Atmen Sie lang, leicht und gleichmäßig. Folgen Sie Ihrem Atem, wenn Sie den Worten Ihres Gesprächspartners oder Ihren eigenen Worten zuhören.

Verlieren Sie sich nicht in den Worten; seien Sie sich Ihrer Empfindungen und Gedanken bewusst. Wenn nötig, kehren Sie immer wieder sanft zu Ihrer Ein- und Ausatmung zurück.

Der Friedensvertrag

Diese Übung wurde in Plum Village entwickelt und wird als »Friedensvertrag« bezeichnet. Paare können diesen »Vertrag« dort in Gegenwart der ganzen Gemeinschaft unterschreiben. Wir können den Friedensvertrag auch mit uns selbst abschließen und die dort vorgeschlagenen Übungen praktizieren, wenn wir ärgerlich oder wütend auf jemanden sind oder wenn jemand anders sich über uns ärgert.

Im »Friedensvertrag« finden sich ganz konkrete Übungen, die wir praktizieren können, entweder als derjenige, der sich ärgert, oder als derjenige, der als Grund des Ärgers gilt.

Wenn Eltern in der Lage sind, diesen Vertrag zu praktizieren, dann werden die Kinder oft ganz natürlich diese Praxis übernehmen.

Der Friedensvertrag

Damit wir lange und glücklich zusammenleben und stetig unsere Liebe und das Verständnis füreinander vertiefen und weiterentwickeln können, erkläre ich mich bereit, Folgendes zu beachten und zu tun.

Für den Fall, dass ich verärgert bin, stimme ich Folgendem zu:

1. Ich werde alles unterlassen – sei es durch Worte, Gesten oder Taten –, was weiteren Schaden verursachen oder den Ärger eskalieren lassen könnte.

2. Ich werde meinen Ärger nicht unterdrücken.
3. Ich werde bewusstes Atmen üben und versuchen, zu meinem inneren Frieden zurückzukehren.
4. Ruhig und innerhalb von vierundzwanzig Stunden werde ich der Person, die meinen Ärger ausgelöst hat, meinen Ärger und mein Leiden mündlich oder schriftlich mitteilen.
5. Ich werde bei der anderen Person mündlich oder schriftlich um ein Gespräch in einer Woche (z. B. Freitagabend) ersuchen, um den Vorfall ausführlicher zu besprechen.
6. Ich werde nicht sagen: »Ich bin nicht ärgerlich. Ich leide nicht. Es ist alles in Ordnung.«
7. Ich nehme mir Zeit, in Ruhe und mit klarem Blick, mein Leben im Alltag zu betrachten. Insbesondere betrachte ich:
   - ob ich selber ungeschickt oder nicht genügend achtsam war,
   - ob ich durch meine Verhaltensweisen und durch in der Vergangenheit wurzelnde Gewohnheiten die andere Person verletzt habe,
   - dass meine Samen des Ärgers die primäre Ursache meines Ärgers sind,
   - wie die andere Person ebenfalls leidet,
   - wie ihr Umgang mit ihrem Leiden meinen Ärger wachsen lässt,
   - wie die andere Person sich von der Last ihres Leidens zu erleichtern sucht,
   - dass ich nicht wirklich glücklich sein kann, solange die andere Person leidet.
8. Ich werde mich sofort entschuldigen, ohne bis zum vereinbarten Gespräch zu warten, wenn ich Unachtsamkeit und Ungeschicklichkeit bei mir bemerkt habe.

9. Ich werde das vereinbarte Gespräch verschieben, wenn ich mich nicht ruhig genug dazu fühle.

Für den Fall, dass ich die andere Person ärgerlich oder wütend gemacht habe, stimme ich Folgendem zu:

1. Ich werde die Gefühle der anderen Person achten, sie nicht verspotten oder ins Lächerliche ziehen und ihr genügend Zeit geben, sich zu beruhigen.
2. Ich werde sie nicht zu einer sofortigen Diskussion drängen.
3. Ich werde die Anfrage der anderen Person bestätigen, sei es mündlich oder schriftlich, und ihr versichern, dass ich da sein werde.
4. Ich werde bewusstes Atmen üben und versuchen, zu meinem inneren Frieden zurückzukehren, um mit Ruhe und mit klarem Blick Folgendes zu betrachten:
   - Ich trage Samen der Unfreundlichkeit und des Ärgers in mir und habe Verhaltensmuster und Gewohnheiten, die die andere Person unglücklich machen.
   - Möglicherweise habe ich versucht, die Last meines eigenen Leidens leichter zu machen, indem ich der anderen Person Leid zufügte.
   - Indem ich der anderen Person Leid zufügte, füge ich mir selber Leiden zu.
5. Wenn ich Ungeschicklichkeit und Unachtsamkeit bei mir erkannt habe, werde ich mich sofort entschuldigen, ohne bis zum vereinbarten Gespräch zu warten und ohne den Versuch zu machen, mein Verhalten zu rechtfertigen.

Der Neuanfang

In dieser Übung steht die Praxis des tiefen Zuhörens und achtsamen Sprechens im Mittelpunkt. Sie kann ein wichtiger Beitrag zur Aufrechterhaltung der Kommunikation sein und eignet sich besonders für die Familie, für Zweierbeziehungen oder Arbeitsteams. Kinder haben viel Freude an dieser Übung und schätzen den Raum, der ihnen hier gegeben wird, um sich auszudrücken.

Als äußerer Rahmen bieten sich ein ruhiger Raum und eine festgelegte Zeit an, zu der alle Beteiligten ungestört da sein können. Eine Blume in der Mitte repräsentiert Schönheit und Frische.

Die Person, die sprechen möchte, verbeugt sich, nimmt die Blume und hat so lange das Wort, bis sie sich am Ende ihres Beitrags erneut verbeugt.

Bei der Wahl der äußeren Form sollte bedacht werden, dass sich alle Personen damit wohl fühlen sollten.

Im Folgenden werden die vier Abschnitte der Übung beschrieben:

Blumengießen

Wir leben mit einem Menschen zusammen und teilen mit ihm den Alltag. Doch wie selten drücken wir unsere Dankbarkeit aus und sagen, was wir an ihm schätzen und was uns Freude gebracht hat? Wir wissen, wie gut positive Worte tun können, doch vergessen wir sie häufig in unserem Alltag.

Das »Blumengießen« ist eine Gelegenheit, dem anderen unsere Wertschätzung und Dankbarkeit auszudrücken. Wir wässern auf diese Weise die Samen der positiven Qualitäten, so dass sie wie Blumen erblühen können.

Wenn wir in einer Runde mit mehreren Menschen zusammensitzen, werden wir spürbar von der gesamten positiven Energie genährt, auch wenn unsere persönliche Blume nicht gegossen wird.

Es mag Menschen geben, zu denen uns spontan nichts Positives einfällt. Wenn wir uns Zeit nehmen, um tief zu schauen, werden wir viel entdecken können. Das allein kann unser Verhältnis zu der betreffenden Person bereits wesentlich verbessern.

Bedauern aussprechen

Wir sprechen Fehler und Ungeschicklichkeiten in unserem Handeln, unseren Worten und Gedanken an und auch das, was wir nicht sagten oder taten. Dem oder den anderen wird deutlich, dass wir uns unserer Handlungen und ihrer Auswirkungen bewusst sind und uns um unsere Veränderung bemühen.

Unsere Schwierigkeiten mit anderen teilen

Von Zeit zu Zeit beschäftigen uns Probleme, seien es Schwierigkeiten aus der Vergangenheit, Sorgen und Anteilnahme am Leben eines uns nahe stehenden Menschen, berufliche oder gesundheitliche Probleme. All dies kann dazu führen, dass wir uns unglücklich fühlen, weniger ausgeglichen und unachtsam sind. Unsere Mitmenschen können falsche Vorstellungen von uns entwickeln oder sich mitschuldig fühlen. Indem wir uns öffnen und uns und unsere Schwierigkeiten mitteilen, können wir zu mehr Verständnis beitragen und konkrete Hilfe und Unterstützung geben.

Es ist dabei wichtig, dass wir vorschnelle Ratschläge vermeiden und stattdessen tiefes Zuhören praktizieren, wenn uns die anderen von ihren Problemen und Schwierigkeiten berichten.

Eigene Verletzungen mitteilen

Wenn wir uns durch Worte oder Taten eines anderen Menschen verletzt fühlen, können wir uns in diesem ruhigen und sicheren Rahmen mitteilen. Wir tun dies allerdings erst, nachdem wir wieder innerlich zur Ruhe gekommen sind.

Diesen Teil des Neuanfangs praktizieren wir nur zu zweit oder in Anwesenheit einer dritten Person, die das Vertrauen beider genießt.

Bevor wir uns im Rahmen des Neuanfangs aussprechen, ist es sehr wichtig, dem anderen oder der anderen gegenüber zuvor Dankbarkeit und Wertschätzung ausgedrückt zu haben, um in uns selbst eine positive Haltung zu erzeugen und der anderen Person zu zeigen, dass wir sie schätzen.

Wenn wir sprechen, sind wir ruhig. Wir vermeiden Anschuldigungen, Vorwürfe und analysieren auch nicht das Verhalten der anderen Person. Wir beschreiben das Verhalten des anderen, der uns verletzt hat, möglichst neutral und konkret. Anschließend äußern wir uns zu unserem Gefühl und dem damit verbundenen Bedürfnis.* Der andere hört nur zu, ohne zu reagieren

* Vergleiche hierzu *Gewaltfreie Kommunikation* von Marshall Rosenberg; ein Buch mit vielen wertvollen Anregungen zum Thema Kommunikation.

oder zu verurteilen, auch wenn das, was sein Gegenüber sagt, möglicherweise auf falschen Wahrnehmungen beruht.

Bei schwierigeren Problemen können wir einen weiteren Zeitpunkt vereinbaren, an dem nur die andere Person spricht. In der Zwischenzeit haben beide Beteiligten Gelegenheit, tiefer in sich hineinzuschauen.

Die Praxis des Neuanfangs können wir jeden Tag üben, indem wir lernen, die Menschen, die mit uns zusammenleben oder mit denen wir arbeiten, zu würdigen und uns umgehend zu entschuldigen, wenn wir etwas taten oder sagten, das sie kränkte. Auf höfliche Weise können wir andere auch wissen lassen, wenn wir gekränkt worden sind.

Umarmungsmeditation

Einen Menschen in Achtsamkeit und Konzentration zu umarmen kann zu Heilung, Verstehen und Freude führen. Die Freude entsteht daraus, dass wir Körper und Geist im gegenwärtigen Moment vereinen und erfahren, dass sowohl wir als auch die andere Person lebendig sind. Oft tragen uns unsere Sorgen und Gedanken fort, und wir sind nicht wirklich anwesend.

Die Übung des achtsamen Umarmens hat vielen geholfen, sich miteinander zu versöhnen. Wenn wir uns umarmen, verbinden sich unsere Herzen, und wir wissen, dass wir in Wahrheit nicht getrennt voneinander sind.

Wir können Umarmungsmeditation mit einem Freund, einer Freundin, unserer Tochter, unserem Sohn, unserem Vater, unserer Mutter, unserer Partnerin, einem Verwandten oder sogar mit einem Baum üben.

Zuerst verbeugen wir uns voreinander, um die Gegenwart des anderen anzuerkennen. Dann erfreuen wir uns drei bewusster und tiefer Atemzüge, um ganz gegenwärtig zu werden. Wir umarmen uns achtsam und halten uns für drei Atemzüge.

Beim ersten Atemzug werden wir uns bewusst, dass wir ganz lebendig sind. Während des zweiten Atemzuges richten wir unser Gewahrsein auf die Lebendigkeit des Menschen, den wir in unseren Armen halten. Beim dritten Atemzug werden wir uns der Freude über unser Zusammensein bewusst und empfinden tiefe Dankbarkeit.

Dann öffnen wir die Umarmung und verbeugen uns wieder voreinander.

Das Miteinander-Verbundensein aller Dinge – Intersein

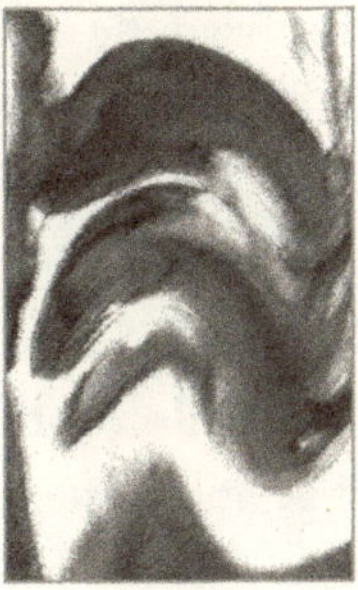

Jeden Tag produzieren wir Energien, Energien des Denkens, des Sprechens und Handelns. Heilsame Gedanken können uns selbst und den uns umgebenden Menschen so viel Gutes tun. Ein guter, positiver Gedanke ist ein Gedanke, der Mitgefühl und Verständnis beinhaltet. Sobald wir einen solchen guten Gedanken in uns nähren, profitieren wir und die Menschen um uns herum davon. Die Übung des Rechten Denkens ist in der buddhistischen Lehre äußerst wichtig. Wenn wir mit Rechtem Denken vertraut sind, dann ist es nicht schwierig, uns auch in Rechtem Sprechen zu üben. Unsere Sprache und unser Sprechen sind dann ebenfalls von der Energie des Verständnisses und des Mitgefühls durchdrungen. Wenn wir Rechtes Denken praktizieren, dann entspringt daraus auch Rechtes Handeln. Rechtes Denken lässt uns Dinge unterlassen, die uns selbst oder unseren Mitmenschen Leid zufügen.

Rechtes Denken trägt die Energie der Freiheit in sich. Im Buddhismus verwenden wir den Begriff »Nirvana«. Wir können ihn mit »Freiheit« übersetzen. Freiheit von was? In erster Linie ist mit Freiheit die Freiheit von falschen Vorstellungen gemeint. Da Angst durch falsche Vorstellungen verursacht wird, werden wir durch das Auflösen dieser Vorstellungen auch frei von Angst. Und damit ist Freiheit von Begierde oder Verlangen verbunden.

Falsche Vorstellungen bringen uns selbst und der Welt sehr viel Leiden. Ist unser Geist frei und entspannt, dann werden wir sogar in sehr schwierigen Situationen nicht sehr stark leiden. Das Gleiche gilt für körperliche Schmerzen. In den neunundvierzig Jahren, in denen der Buddha praktizierte und lehrte, war er genauso wie ein ganz gewöhnlicher Mensch mit sehr vielen Schwierigkeiten konfrontiert. Es gab Menschen, die neidisch auf ihn waren, es gab Menschen, die ihm übel wollten, es gab sogar Attentatsversuche, aber der Buddha war frei und litt nicht sehr darunter. Deswegen ist die wichtigste Freiheit, die Freiheit des Geistes. Wenn wir Freiheit des Geistes besitzen, dann lassen sich alle Arten von Schwierigkeiten meistern.

Um Rechtes Denken zu üben, benötigen wir Konzentration und Achtsamkeit. Sehr oft macht uns unser Denken noch konfuser, anstatt uns zu helfen. Der Grund liegt darin, dass wir es nicht gewohnt sind, tiefes Schauen zu praktizieren.

Der Buddha gibt uns den Rat, unsere Probleme stets im Licht von Verstehen und Mitgefühl zu betrachten und zu lösen. Jede Entscheidung, die nicht auf dieser Grundlage beruht, ist keine gute Entscheidung. Rechtes Denken hilft uns dabei zu erkennen, welche Art von Entscheidung uns selbst und anderen Leiden zufügt und welche Entscheidung hilfreich ist. Anfangs kann es sehr wichtig sein, dass wir uns in Nicht-Denken üben, das heißt, nur unserem Atem folgen und unsere Schritte spüren. Wir versuchen einfach da zu sein, frisch und in Frieden, damit wir uns selbst wiederfinden können. Erst wenn sich das Gefühl einstellt, wieder einen stabilen Grund zu haben, erst dann sollten wir über unsere Situation meditieren, sie betrachten und zu lösen suchen.

Eine sehr zentrale falsche Vorstellung ist die Vorstellung von einem eigenständigen, abgetrennten Selbst.

Wenn wir einen Sohn oder eine Tochter betrachten, dann sehen wir meist lediglich den Sohn als den Sohn, die Tochter als die Tochter; wir sind nicht in der Lage, auch den Vater und die Mutter in ihm oder ihr zu sehen. Und umgekehrt, wenn wir den Vater oder die Mutter betrachten, dann sehen wir nur den Vater oder die Mutter und nicht den Sohn oder die Tochter. Mit Hilfe der Meditation lässt sich entdecken, dass der Vater stets im Sohn ist und der Sohn im Vater. Dies ist die Wirklichkeit. Meditation befähigt uns dazu, tief in die Wirklichkeit hineinzuschauen. Wissenschaft und Meditation weisen in dieser Hinsicht eine wichtige Gemeinsamkeit auf, denn beide sind bestrebt, die Wirklichkeit zu entdecken, so wie sie ist. Wenn wir beispielsweise tief in eine unserer Körperzellen hineinschauen, dann lässt sich in ihr die Mutter oder der Vater entdecken. Wir wissen sehr genau, dass die Tochter oder der Sohn eine Weiterführung der Mutter oder des Vaters ist. Wir werden uns bewusst, dass die Tochter die Mutter ist. Wenn Sie von einem christlichen Hintergrund her kommen, dann ist Ihnen die Lehre von der Trinität bekannt; der Sohn ist im Vater und der Vater im Sohn. Wir glauben, dass Vater und Mutter uns diesen Körper gegeben haben. Wir glauben, dass die Urheber dieser Übertragung sich von dem Objekt der Übertragung unterscheiden. Aber der Buddha legt uns nahe, das Objekt der Übertragung und den Übertragenden nicht als verschiedene Wesenheiten anzusehen. Der Vater oder die Mutter hat nichts weniger als sich selbst übertragen. Und Ihr Vater ist in jeder Zelle Ihres Körpers, alle Qualitäten und alle Schwächen. Dasselbe trifft auch auf Ihre Mutter zu. Sie hat alles an Sie übertragen und Sie finden sie in jeder Ihrer Körperzellen.

Es ist möglich, so zu praktizieren, dass wir die Gegenwart unseres Vaters und unserer Mutter in uns selbst erfahren können. Und wir können noch einen Schritt weitergehen; wir sind in der Lage, die Gegenwart aller unserer Vorfahren in uns zu erkennen. Jedes Mal, wenn wir lächeln, lächeln alle unsere Vorfahren gleichzeitig mit uns. Und jedes Mal, wenn wir trauern, trauern alle unsere Vorfahren in uns. Falls Sie die Möglichkeit haben, das *Avatamsaka-Sutra* zu studieren, werden Sie diese Lehre dort näher kennen lernen können.

Wenn wir auf diese Weise beispielsweise tief in die Beziehung zwischen Vater und Sohn hineinschauen, dann können wir erkennen, dass weder der Vater noch der Sohn für sich alleine existieren kann. Ärgert sich der eine über den anderen, dann ist dies ein Zeichen dafür, dass beiden im Moment die Einsicht fehlt, untrennbar miteinander verbunden zu sein. Der Ausdruck »Intersein« beschreibt die Lehre des Buddhismus, dass nichts über ein eigenständiges Selbst verfügt, sondern alles mit allem verbunden ist. Wir können nicht aus uns selbst heraus existieren, weil wir mit allem, das existiert, verbunden sind. Betrachten wir beispielsweise eine Sonnenblume, dann können wir sehen, dass sie aus Nicht-Blume-Elementen zusammengesetzt ist. So lässt sich der Sonnenschein in ihr finden. Wir können ihn nicht aus der Blume entfernen, denn ohne die Sonne könnte die Blume nicht existieren. Wenn wir weiter in die Blume hineinschauen, dann können wir die Wolken sehen. Ohne Wolken gibt es keinen Regen, und ohne Regen könnte nichts auf diesem Planeten wachsen. Also ist es für uns unmöglich, die Wolke aus der Blume zu entfernen.

Vielleicht ärgert sich ein junger Mann über seinen Vater und beschließt, nichts mehr mit diesem Menschen zu tun haben zu wollen. Aber das ist ganz unmöglich, denn würde der Vater aus dem Sohn entfernt werden, dann würde der Sohn nicht existieren. Dies ist die Einsicht, die im Buddhismus Intersein oder Nicht-Selbst genannt wird. Nicht-Selbst bedeutet nicht, dass der Vater oder Sohn nicht da wäre. Es bedeutet lediglich, dass Vater und Sohn miteinander verbunden sind. Wenn wir in den Vater hineinschauen, erkennen wir den Sohn und umgekehrt. Deshalb sollten wir jedes Mal, wenn wir uns ärgern oder wütend sind, zu unserem Atem zurückkehren, um unsere eigene Einsicht in Intersein oder Nicht-Selbst wieder zu finden. Wenn wir diese Einsicht ganz verkörpern, dann sind wir dazu in der Lage, viele Konflikte aufzulösen. Für Vater und Sohn wird es dann möglich sein, sich zusammenzusetzen und gemeinsam ihre Natur des Interseins zu betrachten.

Die Einsicht in das Intersein bedeutet darüber hinaus, dass es für den Sohn unmöglich ist, glücklich zu sein, wenn der Vater unglücklich ist und umgekehrt. Wir sehen also, dass nicht nur die Person des Vaters und die Person des Sohnes Aspekte des Interseins sind, sondern auch deren Glück oder Unglück. Wenn es einem Sohn gelingt, den Vater zum Lächeln zu bringen, dann wird der Sohn auch selbst lächeln. Dies gilt natürlich nicht nur für familiäre Beziehungen, sondern für alle Beziehungen, die wir zu anderen Menschen haben.

Diese Praxis lässt sich sogar auf internationaler Ebene anwenden. Wenn die Palästinenser weiterhin leiden müssen, dann wird auch das Leiden der Israelis kein Ende haben. Sind dagegen die Sicherheit und das Wohlbefinden der einen Seite garantiert, dann sind damit auch das Wohlbefinden und die Sicherheit der anderen Seite garantiert.

Es ist meine feste Überzeugung, dass es für unsere Politiker sehr wichtig ist, die Natur des Interseins zu verstehen und sie zur Grundlage ihres Handelns zu machen. Wir müssen eine spirituelle Dimension in das politische Leben bringen. Ohne eine solche Dimension werden uns die politischen Führungskräfte immer wieder in Krisen und sogar Kriege führen. Deshalb sollten wir alle, als Individuen, in der Familie und in der Gesellschaft, die Praxis der Achtsamkeit üben, um unsere Einsicht in die Natur des Interseins zu kultivieren. Wenn jedes Mitglied in der Familie Intersein versteht, dann wird die Familie zu einem schönen Ort, an dem sich alle wohl fühlen und gerne leben.

Im Buddhismus wird die Einsicht in das Intersein auch Nicht-Unterscheidung oder Nicht-Diskriminierung genannt. Diskriminierung hat unserem individuellen und sozialen Leben bereits viel Leiden zugefügt.

Betrachte ich meine rechte Hand, dann kann ich darin die Weisheit der Nicht-Unterscheidung sehen. Ich kann mit meiner rechten Hand viele Dinge tun, Gedichte schreiben, die Glocke zum Klang einladen, zeichnen und schreiben. Meine rechte Hand hat schon viel getan, aber sie hat zur linken Hand noch nie gesagt, dass diese zu nichts zu gebrauchen sei. Es gibt keine Diskriminierung zwischen meiner linken und meiner rechten Hand.

Ich wollte einmal ein Bild aufhängen. In der linken Hand hielt ich den Nagel und in der rechten den Hammer. Meine Praxis der Achtsamkeit war nicht sehr gut an diesem Tag. Deshalb schlug ich statt auf den Nagel auf meinen Daumen. Ich hatte starke Schmerzen in meiner linken Hand, aber meine rechte Hand war sich dessen bewusst. Also legte die rechte Hand sofort den Hammer nieder und kümmerte sich um die linke Hand. Die rechte Hand tat alles, was ihr möglich war, damit es der linken Hand etwas besser ging. Sie sagte nicht: »Du solltest dich immer daran erinnern und mir eines Tages deine Dankbarkeit zeigen.«

Nach der Lehre des Buddha ist es möglich, zur Einsicht der Nicht-Unterscheidung zu gelangen, um das Leiden in uns und um uns herum zu mindern. Die Mitglieder einer Familie können sich verhalten wie die fünf Finger einer Hand oder wie die beiden Hände eines Körpers.

Der Raum, der uns umgibt, ist voller Fernsehsignale in Form von Wellen. Wir benötigen ein Fernsehgerät, damit sich ein Programm für uns sichtbar manifestieren kann. Wir können aber nicht sagen, das Programm existiere nicht, wenn wir keinen Apparat haben, wo es sich manifestieren kann. Dieses Beispiel zeigt, dass wir unsere herkömmlichen Vorstellungen von Existenz und Nicht-Existenz hinterfragen und transzendieren müssen.

Wenn wir im Licht des Interseins in die Natur der Dinge hineinschauen, dann lassen wir uns nicht mehr von den äußeren Formen gefangen nehmen. Klammern wir uns an eine bestimmte Form, dann werden wir darunter leiden. Wir brauchen aber die Form nicht, um die Existenz von etwas zu bestätigen. Die Flamme muss sich nicht manifestieren, damit wir sie sehen können. Normalerweise bezeichnen wir es als Nicht-Sein, wenn sich

Dinge noch nicht manifestiert haben. Mit den Augen der Formlosigkeit können wir die Flamme aber bereits sehen, ohne dass sie sich tatsächlich manifestiert hat. Halten wir dagegen an der Form fest, dann setzen wir Form und Existenz miteinander gleich. Tatsächlich transzendiert aber die Wirklichkeit Sein und Nicht-Sein. Wenn sich die Dinge noch nicht manifestiert haben, können wir nicht sagen, dass sie nicht existent seien.

Es gibt noch eine weitere falsche Vorstellung, die wir loslassen müssen, damit wir wirklich glücklich werden können, nämlich dass Ruhm, Macht, Reichtum und Sex für unser Glück unerlässlich seien. Viele Menschen sind fest von der Wahrheit dieser Vorstellung überzeugt und jagen diesen Dingen nach. Wir sind uns nur zu selten bewusst, dass es viele Menschen gibt, die zwar Geld, Macht, Einfluss und Sex haben, aber trotzdem sehr leiden und manchmal sogar so unglücklich sind, dass sie Selbstmord begehen. Schauen wir tiefer, dann erkennen wir, dass wahres Glück ohne Freiheit und Liebe nicht möglich ist. Ist unser Denken klar, dann sind wir frei von Sorgen und von Begierden.
Worauf warten wir, um glücklich zu sein?

Die Berührung der Erde

Die Berührung der Erde ist eine Form der geführten Meditation, in der wir mit unseren Armen, Beinen und der Stirn die Erde berühren. In dieser Haltung, mit nach oben geöffneten Handflächen, hören wir dem unten folgenden Text zu. Wir können entweder jemanden bitten, ihn vorzulesen oder ihn auf eine Kassette sprechen. Wenn wir diese Meditation häufiger praktizieren, wird sich für uns ein ganz persönlicher Text ergeben, und wir können immer tiefer in die Übung eindringen.

In dieser Übung stellen wir eine Verbindung zu unseren Wurzeln, zu unseren Blutsverwandten und unseren spirituellen Vorfahren her, die in diesem Moment in uns lebendig sind. Wir können lernen, unsere Vorstellung von einem eigenständigen Selbst loszulassen, und uns eingebunden sehen in den Strom des Lebens.

Die Drei Erdberührungen

Die erste Erdberührung

Ich berühre die Erde und verbinde mich mit meinen Vorfahren und den Nachkommen meiner spirituellen und meiner leiblichen Familie. Zu meinen spirituellen Vorfahren gehören auch der Buddha, die Bodhisattvas, die Edle Sangha der Buddhaschülerinnen und -schü-

ler … [setzen Sie hier die Namen derjenigen ein, die Sie gern dazurechnen möchten] und meine eigene spirituelle Lehrerin, mein spiritueller Lehrer – ob noch am Leben oder bereits dahingegangen. Sie sind in mir gegenwärtig, weil sie mir Samen des Friedens, der Weisheit, der Liebe und des Glücks übertragen haben. Sie haben in mir die Quelle des Verstehens und des Mitgefühls erweckt.

Wenn ich meine spirituellen Vorfahren betrachte, sehe ich die, die bereits perfekt sind in der Praxis der Achtsamkeitsübungen, des Verstehens und des Mitgefühls, und auch diejenigen, die darin noch nicht vollkommen sind. Ich akzeptiere sie alle, denn auch in mir erkenne ich Schwierigkeiten und Schwächen. Ich bin mir bewusst, dass ich in der Praxis der Achtsamkeitsübungen noch nicht vollkommen bin und dass ich auch noch nicht so voller Verstehen und Mitgefühl bin, wie ich es gern wäre; deshalb öffne ich mein Herz und akzeptiere alle spirituellen Nachkommen.

Einige meiner Nachkommen praktizieren die Achtsamkeitsübungen, Verstehen und Mitgefühl in einer Weise, die Vertrauen und Respekt verdient, aber es gibt auch solche, die viele Schwierigkeiten haben und ständig Hochs und Tiefs in ihrer Praxis erleben. Desgleichen akzeptiere ich in meiner Familie alle Vorfahren mütterlicher- und väterlicherseits. Ich erkenne all ihre guten Eigenschaften und ihre bedeutenden Leistungen an, genau wie ihre Schwächen. Ich öffne mein Herz und akzeptiere alle meine leiblichen Nachkommen mit ihren guten Qualitäten, ihren Talenten und auch ihren Schwächen.

Meine spirituellen und meine leiblichen Vorfahren, meine spirituellen und leiblichen Nachkommen – sie alle sind ein Teil von mir. Ich bin sie, und sie sind ich. Ich besitze kein getrenntes Selbst. Alles existiert als Teil eines wundervollen Lebensstroms, der ständig im Fluss ist.

Die zweite Erdberührung

Ich berühre die Erde und verbinde mich mit allen Menschen und allen Arten von Lebewesen, die in diesem Augenblick auf dieser Welt mit mir zusammen lebendig sind. Ich fühle mich eins mit dem wundervollen Muster des Lebens, das ausstrahlt in alle Richtungen. Ich erkenne die enge Verbundenheit zwischen mir und anderen, sehe, wie wir gemeinsam Glück und Leid teilen. Ich bin eins mit denen, die behindert zur Welt gekommen sind oder die im Krieg, durch Unfall oder Krankheit eine Behinderung erlitten haben. Ich bin eins mit denen, die durch Krieg oder Unterdrückung in eine Zwangslage geraten sind. Ich bin eins mit denen, die in ihrem Familienleben unglücklich sind, die ohne Wurzeln sind und keinen Frieden im Geist finden, mit denen, die nach Verständnis und Liebe hungern, die nach etwas Schönem, Heilem und Wahrem suchen, das sie umarmen und an das sie glauben können. Ich bin jemand, der dem Tode nahe und voller Angst ist, der nicht weiß, was geschehen wird. Ich bin ein Kind, das an einem Ort lebt, wo größte Armut, Elend und Krankheit zu Hause sind, dessen Beine und Arme dürr wie Stöckchen sind und das keine Zukunft vor sich hat. Ich bin auch der Bombenfabrikant, der Bomben in die armen Länder verkauft. Ich bin der Frosch, der im Teich schwimmt, und auch die Schlange, die sich vom Körper des Frosches ernähren muss. Ich bin die Raupe oder die Ameise, nach der der Vogel Ausschau hält, um sie zu fressen; aber ich bin auch der Vogel, der nach Raupe und Ameise Ausschau hält. Ich bin der Wald, der gefällt wird. Ich bin der Fluss und die Luft, die verschmutzt werden, und ich bin auch der Mensch, der den Wald abholzt und die Flüsse und die Luft verschmutzt. Ich erkenne mich in allen Arten von Wesen, und ich erkenne alle Arten von Wesen in mir.

Die dritte Erdberührung

Ich berühre die Erde und lasse die Vorstellung los, ich sei dieser Körper und meine Lebensspanne sei begrenzt. Ich erkenne, dass dieser Körper, der aus den vier Elementen besteht, nicht wirklich ich ist, und dass ich nicht durch diesen Körper begrenzt bin. Ich bin Teil eines Lebensstroms von spirituellen und leiblichen Vorfahren, der bereits seit Tausenden von Jahren in die Gegenwart fließt und für weitere Tausende von Jahren in die Zukunft fließen wird. Ich bin eins mit meinen Vorfahren, ich bin eins mit allen Menschen und allen Arten von Wesen, gleich, ob sie friedlich und furchtlos oder voller Leid und Angst sind. In diesem Augenblick bin ich überall auf der ganzen Welt anwesend, ich bin auch in der Vergangenheit und in der Zukunft anwesend. Die Loslösung vom Körper berührt mich nicht, gerade so, wie das Herabfallen einer Pflaumenblüte nicht das Ende des Pflaumenbaums bedeutet. Ich sehe mich als Welle auf der Oberfläche des Ozeans, meine Natur ist das Wasser des Ozeans. Ich erkenne mich wieder in allen anderen Wellen, und ich sehe all die anderen Wellen in mir. Das Erscheinen und Verschwinden der Form der Wellen macht dem Ozean nichts aus. Mein Dharma-Körper und mein Weisheitsleben sind nicht Geburt und Tod unterworfen. Ich erkenne, dass ich bereits da war, bevor mein Körper sich manifestierte, und dass ich noch da sein werde, nachdem mein Körper sich aufgelöst hat. Selbst in diesem Augenblick erkenne ich, dass ich woanders existiere als nur in diesem Körper. Siebzig oder achtzig Jahre sind nicht meine Lebensspanne. Meine Lebensspanne, wie auch die Lebensspanne eines Blattes oder eines Buddha, ist unbegrenzt. Ich habe die Vorstellung hinter mir gelassen, dass ich ein Körper bin, der in Raum und Zeit losgelöst ist von allen anderen Formen des Lebens.

Achtsames Essen

Essen ist eine sehr tief greifende Übung. Während einer Mahlzeit richten wir unsere ganze Aufmerksamkeit auf das Essen selbst. Es ist ein Geschenk von Himmel und Erde. Wir sind uns der Menschen bewusst, die zusammen mit uns diese Mahlzeit einnehmen. Wenn wir etwas auf unsere Gabel nehmen, ein Stück Tofu, eine Bohne oder ein Stück Brot, dann sind wir dabei ganz gegenwärtig. Ein Stück Brot repräsentiert den gesamten Kosmos. Wir können in ihm die Erde, den Sonnenschein und den Regen erkennen. In der Eucharistiefeier wird zum Beispiel das Brot als der Leib Christi angesehen. In der Übung des achtsamen Essens sehen wir das Brot als den Leib des Kosmos. Vielleicht brauchen wir ein paar Sekunden, damit sich das Brot als Botschafter des Kosmos offenbaren kann. Wenn es sich dann offenbart hat, dann lächeln wir ihm zu. Wir stecken es erst dann in unseren Mund, wenn es *wirklich* geworden ist. Wir sollten uns sicher sein, dass wir nur das Brot in unseren Mund stecken und nicht unsere Sorgen oder Vorhaben. Wenn wir dann das Brot kauen, sollten wir sichergehen, dass wir nur das Brot kauen und nicht unsere Projekte, unsere Gedanken und Sorgen. Das ist nicht besonders gesund. Wenn wir wirklich achtsam kauen, dann können wir mit Himmel und Erde in Berührung kommen. Und wir werden während des gesamten Essens Dankbarkeit und Freude empfinden.

Der Buddha lädt uns dazu ein, jede Mahlzeit in Achtsamkeit zu uns zu nehmen und auf eine Weise zu essen, dass Friede und Freude während der gesamten Zeit des Essens möglich sind. So wird jede Mahlzeit zu einem Fest, an dem wir das Leben feiern.

Während des Essens können wir unsere Aufmerksamkeit auf die so genannten Fünf Kontemplationen lenken. Diese können vor Beginn laut gelesen werden:

Diese Nahrung ist ein Geschenk des ganzen Universums, der Erde, des Himmels und von viel liebevoller Arbeit.

Mögen wir so leben, dass wir dieses Geschenk mit Freude und Dankbarkeit empfangen.

Mögen wir lernen, maßvoll zu leben.

Mögen wir nur solche Nahrung zu uns nehmen, die uns nährt und Krankheiten vermeidet.

Wir nehmen diese Nahrung an, um den Weg des Verstehens und der Liebe verwirklichen zu können.

Geleitete Meditation: Betrachtung der sechs Elemente

Nach der buddhistischen Lehre gibt es sechs Elemente: Erde, Wasser, Feuer, Luft, Raum und Bewusstsein. Sie sind nicht Merkmale des menschlichen Organismus, sondern sie machen das gesamte Universum aus.

Die Erde steht für die Festigkeit, Wasser für das Flüssige, Feuer für Wärme und Hitze und Luft für die Beweglichkeit der Dinge. Raum und Bewusstsein bilden den Rahmen für die ersten vier Elemente.

Wenn wir über die sechs Elemente meditieren, sollten wir dies mit Hilfe von konkreten Bildern tun. Meditieren wir über das Wasser, können wir zum Beispiel das Wasser in unserem Blut, in unserem Speichel, Schweiß oder unserer Galle sehen und dann dem Element Wasser in uns anerkennend zulächeln. Ebenso können wir Luft und Raum in unserem Körper wahrnehmen.

Schließlich können wir erkennen, dass alle Elemente voneinander abhängen. Die Luft zum Beispiel wird durch die Bäume auf diesem Planeten genährt. Das pflanzliche Leben, einschließlich des Gemüses, das wir essen, benötigt für sein Wachstum die Erde und die Wärme der Sonne. Ohne Raum gibt es keine feste Materie und umgekehrt.

Wenn wir fortgesetzt über die wechselseitige Abhängigkeit der sechs Elemente meditieren, können wir schließlich die Grenzen zwischen »Ich« und »Nicht-Ich« überschreiten.

Die folgenden Leitsätze können uns bei der Meditation unterstützen. Wir können sie ein- und ausatmen, oder wir lassen die Sätze während des bewussten Atmens in unseren Geist einsinken.

Wir nehmen eine stabile Sitzhaltung ein und machen uns zunächst ganz die Präsenz unseres Atems bewusst. Dabei üben wir ein Halblächeln.

Einatmend bin ich mir meines Körpers bewusst.
Ausatmend lächle ich meinem Körper zu.

Einatmend bin ich mir des Elements Erde in mir bewusst.
Ausatmend lächle ich dem Element Erde in mir zu.

Einatmend bin ich mir des Elements Wasser in mir bewusst.
Ausatmend lächle ich dem Element Wasser in mir zu.

Einatmend bin ich mir des Elements Feuer in mir bewusst.
Ausatmend lächle ich dem Element Feuer in mir zu.

Einatmend bin ich mir des Elements Luft in mir bewusst.
Ausatmend lächle ich dem Element Luft in mir zu.

Einatmend bin ich mir des Elements Raum in mir bewusst.
Ausatmend lächle ich dem Element Raum in mir zu.

Einatmend bin ich mir des Elements Bewusstsein in mir bewusst.
Ausatmend lächle ich dem Element Bewusstsein in mir zu.

Einatmend erkenne ich das Element Erde überall.
Ausatmend lächle ich dem Element Erde überall zu.

Einatmend erkenne ich das Element Wasser überall.
Ausatmend lächle ich dem Element Wasser überall zu.

Einatmend erkenne ich das Element Feuer überall.
Ausatmend lächle ich dem Element Feuer überall zu.

Einatmend erkenne ich das Element Luft überall.
Ausatmend lächle ich dem Element Luft überall zu.

Einatmend erkenne ich das Element Raum überall.
Ausatmend lächle ich dem Element Raum überall zu.

Einatmend erkenne ich das Element Bewusstsein überall.
Ausatmend lächle ich dem Element Bewusstsein überall zu.

Wer bin ich?

Wählen Sie ein Foto, auf dem Sie als Kind zu sehen sind. Nehmen Sie eine stabile Sitzhaltung ein und machen Sie sich zunächst die Präsenz Ihres Atems bewusst. Üben Sie dabei ein Halblächeln.

Richten Sie nach ungefähr zwanzig bewussten Atemzügen Ihre Aufmerksamkeit auf das Foto vor sich. Erinnern Sie sich an Ihre körperlichen Eigenschaften, Ihre Gefühle, Wahrnehmungen, Ihre Denkweisen und Ihr Bewusstsein in jenem Alter, und erleben Sie sie wieder.

Fahren Sie damit fort, bewusstes Atmen zu praktizieren, und üben Sie ein Halblächeln. Lassen Sie nicht zu, dass Ihre Erinnerungen Sie überwältigen oder davontragen.

Verweilen Sie ungefähr fünfzehn Minuten lang bei dieser Meditation.

Richten Sie dann Ihr Gewahrsein auf Ihr gegenwärtiges Selbst. Werden Sie sich Ihres Körpers, Ihrer Gefühle, Wahrnehmungen, Gedanken und der Art Ihres Bewusstseins im gegenwärtigen Augenblick bewusst. Praktizieren Sie weiterhin bewusstes Atmen.

Fragen Sie sich: »Wer bin ich?« Diese Frage sollte keine abstrakte Frage sein, die wir mit unserem Verstand zu beantworten versuchen, sondern wir lassen sie in uns wie ein Samenkorn einsinken.

Betrachten Sie die Frage ungefähr fünf Minuten und folgen Sie mit Ihrem Gewahrsein dem Ein- und Ausatmen.

Leben und Tod überschreiten

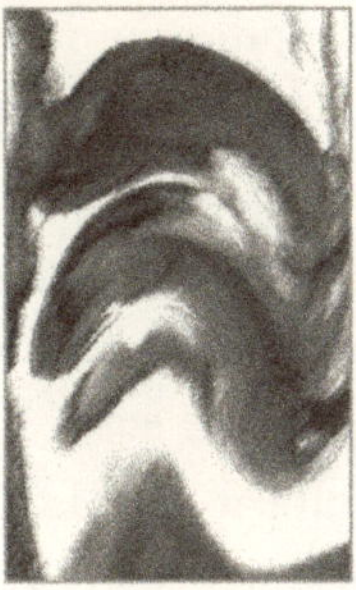

Hinter dem Glauben an ein eigenständiges Selbst, das unabhängig von uns existiert, steht, so der Buddha, die Vorstellung, dass es so etwas wie Beständigkeit beziehungsweise Ewigkeit gibt. Glauben wir dagegen, dass nach unserem Tod von uns nichts übrig bleibt, dann folgen wir einer genau entgegengesetzten Vorstellung. Hängen wir dieser Überzeugung an, so sind wir in einer nihilistischen Auffassung gefangen. Glauben wir aber, dass es eine Seele gibt, verstricken wir uns in den Glauben an eine wie auch immer geartete Ewigkeit.

Schauen wir tief in die Natur der Dinge, dann können wir erkennen, dass die grundlegenden Merkmale der Wirklichkeit Vergänglichkeit beziehungsweise Unbeständigkeit und Nicht-Selbst sind. Nicht-Selbst bedeutet nicht, dass wir nicht da sind. Es sagt aus, dass wir zwar vorhanden sind, aber nicht als eine gesonderte und eigenständige Existenz.

Die meisten von uns haben Angst vor dem Tod. Es ist uns Menschen aber möglich, unsere Angst, zu sterben und zu nichts zu werden, zu überwinden. Gemäß der buddhistischen Lehre ist unsere wahre Natur die Natur der Geburt- und Todlosigkeit. Wenn wir in der Lage sind, diese unsere wahre Natur zu berühren, dann werden wir alle Angst und Sorge hinter uns lassen können.

Wir sind gewöhnlich fest davon überzeugt, dass es sich bei der Geburt um einen Vorgang handelt, bei dem aus nichts etwas entsteht. Aus nichts wird plötzlich etwas beziehungsweise aus niemand wird jemand. Damit wir diese falsche Vorstellung auflösen können, sollten wir das Wesen einer Wolke betrachten und uns fragen, ob sie aus dem Nichts entstanden ist. Wenn wir tief in die Geburt dieser Wolke hineinschauen, dann können wir erkennen, was sie war, bevor sie zu einer Wolke wurde. Sie ist aus den Flüssen, den Meeren und auch aus dem Sonnenschein entstanden. Es ist offensichtlich, dass eine Wolke nicht einfach aus dem Nichts entsteht. Bevor sie sich als Wolke manifestierte, war sie bereits etwas anderes. Der Moment der Geburt einer Wolke ist der Moment der Manifestation oder Weiterführung der Wolke.

Wenn die Wolke zu Regen geworden ist, dann mögen Sie denken, dass sie nicht mehr existiert. Sie glauben vielleicht, dass die Wolke gestorben ist, weil sie nicht mehr da ist. Vielleicht handelte es sich um Ihre Lieblingswolke und Sie sind traurig, weil sie nicht mehr da zu sein scheint. Die Wolke in ihrer neuen Form, nämlich dem Regen, ruft Ihnen zu: »Ich bin hier. Ich bin hier!« Aber Sie erkennen sie nicht.

Wenn Sie jemanden, der Ihnen nahe steht, verloren haben, dann sollten Sie nicht mit Ihren gewöhnlichen Augen, sondern mit den Augen des Buddha nach ihm oder ihr schauen. Es ist unmöglich für den anderen Menschen, zu sterben und zu nichts zu werden, denn in einer anderen Form ist er immer noch da. Wenn Sie wirklich tief schauen, dann können Sie ihn erkennen. Meditation bedeutet, tief zu schauen; auf diese Weise wird es uns möglich, die Natur der Geburt- und Todlosigkeit zu berühren. Wenn uns dies gelingt, dann können wir unsere Angst und Trauer loslassen.

Bevor ich ein Streichholz entzünde, ist die Flamme bereits in dem Streichholz vorhanden. Obwohl wir sie noch nicht sehen, ist sie bereits von ihren Bedingungen her vorhanden. Bitte glauben Sie nicht, dass sich die Flamme in der Streichholzschachtel versteckt. Für einen Teil von ihr trifft dies zu, aber ein anderer Teil von ihr befindet sich außerhalb der Schachtel. Wir wissen alle, dass die Flamme Sauerstoff braucht und dass es ohne Sauerstoff für sie unmöglich wäre, sich zu manifestieren. Die Flamme verbirgt sich ebenso in meinen Fingern, denn diese müssen die Handbewegung machen, welche die letzte Bedingung dafür ist, dass sich das Streichholz entzünden kann. Bitte, schauen Sie mit den Augen des Buddha. Können Sie die Flamme sehen, bevor sie sich manifestiert? Zünden Sie ein Streichholz an und fragen Sie die Flamme: »Liebe Flamme, wo kommst du her?« Und wenn das Streichholz verlöscht, fragen Sie: »Liebe Flamme, wohin bist du gegangen?« Wenn Sie aufmerksam zuhören, dann hören Sie die Stimme der Flamme: »Ich komme von nirgendwoher. Wenn alle Bedingungen zusammenkommen, dann manifestiere ich mich. Ich komme nicht aus dem Süden, dem Westen, dem Norden oder dem Osten.«

Die Flamme sagt weiter: »Ich bin nirgendwo hingegangen. Wenn die Bedingungen nicht mehr ausreichen, dann höre ich auf, mich zu manifestieren. Ich gehe nicht in den Süden, den

Westen, den Norden oder den Osten. Meine wahre Natur ist die Natur des Nicht-Kommens und Nicht-Gehens.«

Der Buddha sagt über uns das Gleiche; auch unsere wahre Natur ist die des Nicht-Kommens und Nicht-Gehens.

Wir haben die Tendenz zu glauben oder uns vorzustellen, dass wir stets identisch seien, dass wir vom Zeitpunkt unserer Geburt bis zum Zeitpunkt unseres Todes immer die gleiche Person sind. Diese Art der Vorstellung widerspricht im Grunde aber der Natur der Dinge.

Vergleichen wir uns einmal mit dem kleinen Kind im Alter von zwei Jahren, das wir einmal waren. Es gibt eine Fortführung, aber keine absolute Identität. Bevor wir diesen Raum betraten, waren wir anders, als wir es nachher sein werden. Wir haben Gefühle, Gedanken und Vorstellungen produziert. In unserem Körper und Bewusstsein haben Verwandlungen stattgefunden. Da alles vergänglich beziehungsweise unbeständig ist und da es eine Weiterführung von uns gibt, können wir sagen, dass in Bezug auf unser Ich Identität und Verschiedenheit gleichermaßen zutreffend sind. Der Sohn ist die Weiterführung des Vaters. Die Tochter ist die Fortführung der Mutter. Der Schüler ist die Weiterführung der Lehrerin. Zwischen Vater und Sohn, Mutter und Tochter, Lehrerin und Schüler findet eine Übertragung statt. Wenn wir in die Tochter hineinschauen, dann sehen wir die Mutter. Die Natur des Sohnes ist weder die gleiche noch ist sie verschieden von der des Vaters.

Der buddhistischen Lehre zufolge gibt es keine Geburt und keinen Tod, sondern nur Verwandlung. Aus diesem Grund sprechen wir nicht von einer Schöpfung, sondern von Manifestation.

Das Ziel unserer Praxis ist es, dass wir unsere Angst verlieren. Dies ist die wichtigste Voraussetzung für unser wahres Glück.

Wir sind alle sehr daran interessiert zu erfahren und zu wissen, wo wir eigentlich herkamen, als wir geboren wurden, und wohin wir gehen werden, nachdem wir gestorben sind. Wie wir gesehen haben, können wir diese beiden Fragen durch die Übung des tiefen Schauens beantworten. Die Antwort hat nichts mit Philosophie oder Metaphysik zu tun. Wenn wir in uns selbst hineinschauen, dann können wir sehen, wo unser Ursprung liegt. Ich stamme von meinem Vater, meiner Mutter und meinen gesamten Vorfahren ab. Und ich habe nicht nur menschliche Vorfahren, sondern auch tierische, pflanzliche und mineralische. In mir trage ich alle Vorfahren, in jeder Zelle meines Körpers und in jeder Zelle meines Bewusstseins.

Buddhistisch gesprochen enthält auch unser Bewusstsein so etwas wie Zellen. Wenn ich in mich selber hineinschaue, dann sehe ich, dass ich nicht nur die Fortführung meiner Vorfahren bin, sondern ich bin alle meine Vorfahren. Ich habe kein eigenständiges Selbst, das von meinen Vorfahren getrennt wäre. Wir haben Vorfahren aus unserer Blutsfamilie, aber auch aus unserer spirituellen Familie. Gelingt es mir wirklich, tief zu schauen, dann kann ich mit allen meinen Ahnen Verbindung aufnehmen. Fühlen wir uns beispielsweise einsam oder isoliert, dann liegt es daran, dass es uns nicht gelingt, mit unseren Vorfahren in Kontakt zu treten.

Viele Menschen glauben an eine Wiedergeburt, die stattfindet, sobald wir gestorben sind; eine Wiedergeburt an einem anderen Ort zu einer anderen Zeit. Aber wenn wir tief schauen, können wir erkennen, dass Wiedergeburt in jedem Moment stattfindet. In jedem Moment unseres Lebens stirbt eine Vielzahl von Körperzellen. Zur gleichen Zeit werden in uns Tausende von neuen Zellen geboren.

Für unser Bewusstsein trifft das Gleiche zu. Jeden Moment empfangen wir und jeden Moment bieten wir etwas an. Man könnte von einem dauernden Strom von Input und Output sprechen. Der wichtigste Output, der sich in jedem Augenblick ereignet, sind unsere Handlungen und Gedanken. Wenn ich einen Gedanken aufkommen lasse, dann entspricht dieser einer Art geistiger Handlung. Diese beeinflusst die Menschen um mich herum, aber auch den gesamten Kosmos. Wenn der Gedanke, den ich produziere, voller Verstehen und Mitgefühl ist, dann profitieren mein Geist, mein Körper und die Wesen, die mich umgeben. Falls aber der Gedanke, der in mir entsteht, voller Verzweiflung, Gewalt oder Angst ist, dann hat dies einen negativen Einfluss nicht nur auf mich, sondern auf alle lebenden Wesen um mich herum. Diese Dimension wird im Buddhismus als Karma bezeichnet. Karma kann man unterscheiden in Bezug auf Ursache und auf Wirkung. Zum Beispiel ist ein gewalttätiger Gedanke eine Karma-Ursache und deren Folge, unser Leiden und das Leiden anderer, die Karma-Wirkung. Es gibt Karma-Ursachen, die sofort im gegenwärtigen Augenblick zur Karma-Wirkung führen. In dem Moment, in dem wir den Gedanken produzieren, durchdringt der Gedanke uns selbst, jede Zelle unseres Körpers und das gesamte Universum. Es gibt aber auch Gedanken, deren Wirkungen sich erst in hundert oder zweihundert Jahren manifestieren. Wenn wir den Gedanken erst einmal produziert haben, dann ist es sehr schwierig, ihn wieder rückgängig zu machen. Der Gedanke hat eine Wirkung auf das Ganze, auf das Universum, und er bedingt wie in einer Kettenreaktion eine Reihe von Folgen. Und das ist es, was wir der Welt anbieten, und zwar in jedem Moment – die Frucht unseres Lebens. In diesen Handlungen werden wir wiedergeboren, sie sind unsere Fortsetzung. Wir brauchen nicht zu warten, bis zur Auflösung unseres Körpers, um unsere Weiterführung zu sehen. In jedem Moment werden wir in unseren Gedanken, Worten und Handlungen wiedergeboren.

Stellen Sie sich eine brennende Kerze vor. Während der gesamten Zeit ihres Brennens produziert sie Licht, Hitze und Rauch. Wir können uns selber mit einer brennenden Kerze vergleichen; jeden Moment unseres täglichen Lebens senden wir unsere Gedanken, unsere Rede und unsere Handlungen aus. Alles, was wir denken, sagen oder tun, trägt unsere Unterschrift. Wir selbst führen die Frucht unserer Handlungen herbei. Ein wichtiges Grundgesetz in der Physik ist der Energieerhaltungssatz. Unsere Gedanken, Worte und Handlungen sind Formen von Energie, die nicht verloren gehen können. Sie setzen sich unausgesetzt in die Zukunft fort.

Es ist sehr hilfreich, sich diesen Zusammenhang bewusst zu machen und zu sehen, dass wir nicht erst warten müssen, bis unser Körper nicht mehr existiert, um nach unserer Weiterführung zu suchen. In diesem Moment, in jedem Moment werden wir wiedergeboren.

Zu glauben, dass es ein eigenständiges Selbst gibt, das von der Geburt bis zum Tod und vielleicht noch darüber hinaus unverändert weiter existiert, ist eine Täuschung. Es gibt eine Fortsetzung, aber kein eigenständiges, unverändertes Selbst.

Stellen wir uns wiederum eine brennende Kerze vor, die bis zu einer bestimmten Stelle herunterbrennt. Angenommen wir gehen jetzt aus dem Raum und kehren nach zwei Stunden zurück. Wir glauben, dass wir dieselbe Flamme sehen, aber wenn wir tief schauen, dann wissen wir, dass dies nicht der Wirklichkeit entspricht. Der Sauerstoff ist nicht derselbe, das Wachs ist nicht dasselbe. Die Flamme ist selbst eine Folge von unzählig vielen Flammen. Eine entsteht aus der nächsten. So können wir sagen, dass es eine Folge von Geburt und Tod gibt, die es dieser Flamme überhaupt erst ermöglicht zu existieren. Falls wir glauben sollten, dass eine Flamme stets identisch mit sich selbst ist, dann unterliegen wir einer Illusion.

Mit der Vorstellung von einer Lebensspanne verhält es sich in ähnlicher Weise. Im *Diamant-Sutra* rät uns der Buddha, die Vorstellung einer Lebensspanne aufzugeben; denn wenn wir meinen, wir hätten vor unserer Geburt nicht existiert, so unterliegen wir einer Täuschung. Ebenso sollten wir die Vorstellung aufgeben, wir würden nach unserem Tod zu nichts. Es ist aber nicht nur sehr wichtig, die Vorstellung von Nicht-Sein loszulassen, sondern auch die Vorstellung von einem Sein. Die Begriffe Geburt und Tod lassen sich letztlich nicht auf die Realität anwenden. Dies gilt auch für die Begriffe Sein und Nicht-Sein. Sein oder Nicht-Sein – ist somit, folgt man dem Buddha, nicht die Frage. Beim nächsten Mal, wenn Sie den Geburtstag einer Freundin feiern, dann singen Sie nicht »Happy birthday to you«, sondern »Happy continuation to you«.

Der Buddha hatte einen Schüler, dessen Name Anathapindika war. Dieser Schüler hatte mehr als fünfunddreißig Jahre den

Buddha und dessen Gemeinschaft unterstützt. Eines Tages erfuhr der Buddha, dass Anathapindika im Sterben lag. Er stattete ihm einen Besuch ab und beauftragte danach seinen Schüler Shariputra, ihn nochmals zu besuchen. Shariputra bat seinen Dharmabruder Ananda, ihn zu begleiten, damit beide gemeinsam Anathapindika helfen konnten, friedvoll zu sterben.

Als Anathapindika die beiden Mönche kommen sah, freute er sich sehr, und er versuchte sich auf seinem Bett aufzurichten. Der ehrwürdige Shariputra sagte zu ihm, dass er sich nicht so anstrengen solle, und brachte zwei Stühle, damit er und Ananda sich in die Nähe des Bettes setzen konnten.

Die erste Frage Shariputras lautete: »Lieber Freund, wie geht es dir? Ist der Schmerz in deinem Körper stärker oder schwächer geworden?« Und Anathapindika antwortete: »Ehrwürdige, es scheint nicht, dass der Schmerz besser werden würde. Er wird mit jedem Moment stärker.« Daraufhin lud Shariputra Ananda dazu ein, die Meditation über die Drei Juwelen – Buddha, Dharma und Sangha – zu rezitieren. Shariputra war ein sehr intelligenter Mönch. Er wusste, dass es Anathapindika ein Leben lang Freude gemacht hatte, dem Buddha und der Sangha zu helfen. So würde diese Übung in Anathapindika die Samen der Freude wässern. Nach fünf bis zehn Minuten fühlte Anathapindika sich bereits viel besser, und er hatte eine Art Gleichgewicht in seinem Körper erlangt, so dass er trotz seiner Schmerzen lächeln konnte.

Nach der Meditation über die Drei Juwelen begann Shariputra damit, eine Meditation über die sechs Sinnesorgane und die sechs Sinnesfähigkeiten anzuleiten. Er sprach: »Lass uns gemeinsam das Folgende praktizieren: Dieser Körper bin nicht ich. Ich bin nicht in diesem Körper gefangen. Ich bin Leben ohne Grenzen. Meine Natur ist die Natur der Geburt- und Todlosigkeit.«

So berührten sie im weiteren Verlauf der Meditation die Augen, die Nase, die Zunge und alle Teile des Körpers, um Anathapindika dabei zu helfen, sich von seinem Körper zu lösen. Shariputra sprach weiter: »Ich atme ein und ich weiß, dass das Element Wasser nicht ich bin. Ich atme aus und ich weiß, dass das Element Hitze nicht ich bin.« Dann stellte er die Übung des tiefen Schauens in das abhängige Entstehen aller Erscheinungen und ihr Intersein vor. »Wenn die Bedingungen ausreichen, manifestiert sich dieser Körper. Dieser Körper ist nicht aus dem Nichts gekommen. Wenn die Bedingungen nicht mehr ausreichen, dann hört die Manifestation dieses Körpers wieder auf. Wenn sich etwas manifestiert, können wir es nicht als Sein bezeichnen; wenn sich etwas auflöst, können wir es nicht als Nicht-Sein bezeichnen.«

Plötzlich sah der ehrwürdige Ananda, dass Anathapindika weinte. Ananda war in seiner Praxis unerfahrener als Shariputra. Deshalb fragte er: »Lieber Freund, warum weinst du? Bedauerst du etwas? War die geleitete Meditation nicht gut für dich?« Anathapindika lächelte und sagte: »Nein, ich bedauere nichts. Die Übung war sehr erfolgreich.« »Warum weinst du dann?« »Ich weine, weil ich so berührt bin. Ich habe dem Buddha und der Sangha schon so lange gedient, aber ich habe noch nie eine Lehre gehört, die so tief ist, wie die gerade gehörte.« Ananda sagte: »Lieber Freund, der Buddha gibt uns fast jeden Tag diese Lehren.« Daraufhin sprach Anathapindika zu Ananda: »Ehrwürdiger Ananda, bitte sage dem Buddha, dass es viele Laien gibt, die viel zu beschäftigt sind, als dass sie solche tiefgründigen Lehren erhalten könnten. Aber es gibt auch einige Laien, die nicht so beschäftigt sind und die Fähigkeit besitzen, diese Lehren zu empfangen und zu praktizieren. Bitte sage dem Buddha, dass er sie auch uns Laien zur Verfügung stellen möge.« Ananda versprach, diese Bitte an den Buddha heranzutragen.

Wenn jemand im Sterben liegt, dann manifestieren sich in diesem Menschen sehr häufig die Samen der Angst und der Sorge. Wenn Sie ein guter Praktizierender sind, dann vermögen Sie der Person zu helfen, die positiven Samen in sich zu wässern und wieder zu ihrem Gleichgewicht zu finden. Setzen Sie sich zu diesem Menschen und sprechen Sie mit ihm über erfreuliche Dinge. Auf diese Weise wässern Sie die Samen des Glücks in ihm. Das hilft der Person, ihre physischen Schmerzen besser zu ertragen, und vielleicht vermag sie sogar zu lächeln. Selbst wenn die sterbende Person im Koma liegt, können Sie zu ihr sprechen, denn es gibt Wege, auf denen dieser Mensch Sie hören kann.

Als ein Schüler von mir in Plum Village erfuhr, dass seine Mutter, die in Kalifornien wohnte, im Sterben lag, erhielt er einige Anweisungen, dass er zu seiner Mutter, auch wenn sie im Koma läge, auf jeden Fall von den schönen Erinnerungen sprechen solle. Als er in Kalifornien im Krankenhaus ankam, sagten ihm die Ärzte, dass seine Mutter seit drei Tagen im Koma liege und dass sie alles versucht hätten, sie wieder zurückzuholen. So setzte sich der junge Mann neben seine Mutter und begann zu erzählen, als wäre sie wach und könnte seinen Worten folgen. Nach zwei Stunden erwachte sie wie durch ein Wunder aus ihrem Koma.

Es ist überaus wichtig, unser Leben so einzurichten, dass wir genügend Zeit haben, die Lehre des Buddha kennen zu lernen und zu praktizieren. Sie hilft uns nicht nur dabei, glücklich zu leben, sondern auch glücklich zu sterben.

Geleitete Meditation: Die Fünf Betrachtungen

Die folgende Übung der so genannten Fünf Betrachtungen geht direkt auf den Buddha zurück. Der Buddha riet seinen Schülerinnen und Schülern, sie täglich zu praktizieren. Er lehrte, dass wir unsere Ängste und Befürchtungen, statt sie zu unterdrücken, in unser Bewusstsein einladen, anerkennen und willkommen heißen sollten.

Im Prinzip wissen wir alle nur zu gut, dass wir uns an Alter, Krankheit, Tod und dem Getrenntwerden von unseren Lieben nicht vorbeimogeln können. Aber meist ziehen wir es vor, mit unserer Angst und unseren Befürchtungen nicht in Kontakt zu kommen. Wir lassen diese Dinge nur zu gern in den Tiefen unseres Bewusstseins ruhen. Trotzdem beeinflussen sie insgeheim unser gesamtes Denken, Sprechen und Handeln.

Das bewusste Atmen hilft uns dabei, das Licht der Achtsamkeit in uns zu entzünden, und in diesem Licht die Anwesenheit unserer Ängste zu akzeptieren und ihnen zuzulächeln. Auf diese Weise werden sie auf ganz natürliche Weise etwas von ihrer Kraft verlieren. Wenn sie dann wieder in unser Unterbewusstsein zurückkehren, sind sie bereits ein wenig schwächer geworden.

Durch diese Übung werden wir nicht etwa ernster oder trauriger, sondern sie kann uns dabei helfen, im gegenwärtigen Augenblick freudig, ruhig und erwacht zu leben.

Die folgenden Leitsätze sollen uns bei der Meditation unterstützen. Wir können sie ein- und ausatmen oder wir lassen die Sätze während des bewussten Atmens in unseren Geist einsinken.

Einatmend weiß ich, dass ich einatme.
Ausatmend weiß ich, dass ich ausatme.

Einatmend weiß ich, dass ich alt werde.
Ausatmend weiß ich, dass ich dem Alter nicht entkomme.

Einatmend weiß ich, dass ich krank werde.
Ausatmend weiß ich, dass ich Krankheiten nicht entkomme.

Einatmend weiß ich, dass ich sterben muss.
Ausatmend weiß ich, dass ich dem Tod nicht entkomme.

Einatmend weiß ich, dass ich eines Tages alles aufgeben muss,
was mir lieb und teuer ist.
Ausatmend weiß ich, dass ich der Aufgabe aller Dinge,
die mir lieb und teuer sind, nicht entkomme.

Einatmend weiß ich, dass meine Handlungen
mein einziges Eigentum sind.
Ausatmend weiß ich, dass ich den Folgen meiner
Handlungen nicht entkomme.

Einatmend bin ich entschlossen, meine Tage in
tiefer Achtsamkeit zu leben.
Ausatmend sehe ich die Freude und den Frieden
eines achtsamen Lebens.

Einatmend weiß ich, dass ich einatme,
Ausatmend weiß ich, dass ich ausatme.

Geleitete Meditation: Geburt- und Todlosigkeit

Nichts kommt und nichts geht, nichts wird geboren und nichts stirbt. Diese Meditationsübung kann uns dabei helfen, die Erkenntnis der Geburt- und Todlosigkeit zu verwirklichen.

Wir nehmen eine stabile Sitzhaltung ein und machen uns zunächst ganz die Präsenz unseres Atems bewusst. Dabei üben wir ein Halblächeln.

Wir beginnen zunächst damit, uns das Entstehen und Vergehen unseres Einatmens bewusst zu machen.

Im Laufe der Übung können wir sehen, dass das Entstehen und das Vergehen unseres Einatmens von vielen Bedingungen abhängig ist: Wir sind lebendig, unsere Lungen, Bronchien, das Zwerchfell arbeiten, es gibt genügend Sauerstoff, dieser ist von der Vegetation auf unserem Planeten abhängig, das Kohlendioxid unserer Ausatmung wird von Pflanzen umgewandelt und so weiter. Dasselbe trifft auf unseren ganzen Körper und unser Bewusstsein zu.

Schließlich können wir erkennen, dass unsere wahre Natur Nicht-Geburt, Nicht-Tod, Nicht-Existenz und Nicht-Nicht-Existenz ist.

Während der ganzen Meditation bleiben wir mit unserem Atem verbunden. Wenn unsere Gedanken abschweifen, kehren wir sanft zur Beobachtung unseres Atems zurück.

Die folgenden Leitsätze sollen uns bei der Meditation unterstützen. Wir können sie ein- und ausatmen oder wir lassen die Sätze während des bewussten Atmens in unseren Geist einsinken.

Einatmend weiß ich, dass ich einatme.
Ausatmend weiß ich, dass ich ausatme.

Einatmend bin ich mir der Geburt meines
Einatmens bewusst.
Ausatmend bin ich mir des Todes meines
Einatmens bewusst.

Einatmend sehe ich, wie die Geburt meines
Einatmens von Bedingungen abhängt.
Ausatmend sehe ich, wie der Tod meines Einatmens
von Bedingungen abhängt.

Einatmend erkenne ich, dass mein Einatmen
nirgendwo herkommt.
Ausatmend erkenne ich, dass mein Einatmen
nirgendwo hingeht.

Einatmend sehe ich mein Einatmen ohne
Geburt und Tod.
Ausatmend sehe ich mein Einatmen frei von
Geburt und Tod.

Einatmend werde ich mir meiner Augen bewusst.
Ausatmend sehe ich die Bedingungen,
von denen Geburt und Tod meiner Augen abhängen.

Einatmend sehe ich, dass meine Augen
ohne Geburt und Tod sind.
Ausatmend sehe ich, dass meine Augen frei sind von
Geburt und Tod.

(Die Übung lässt sich fortsetzen, indem wir in entsprechender Weise über weitere Körperteile beziehungsweise unseren ganzen Körper und unser Bewusstsein meditieren.)

Einatmend weiß ich, dass ich einatme.
Ausatmend weiß ich, dass ich ausatme.

Betrachtung über die Vergänglichkeit des Körpers

Diese Übung bietet die Möglichkeit, über die Vergänglichkeit des Körpers zu meditieren. In der buddhistischen Tradition gibt es die Übung der so genannten Neun Kontemplationen des Unreinen. Die folgende Betrachtung lehnt sich an diese Kontemplationen an. Wenn wir uns unseren eigenen Tod vorstellen und ihn akzeptieren können, werden wir viel an Sorgen und Ängsten loslassen können.

Wenn wir diese Übung praktizieren wollen, ist es wichtig, dass wir bereits ein gewisses Maß an innerer Stabilität und Erfahrung mit der Praxis der Meditation besitzen.

Legen Sie sich mit dem Rücken auf ein Bett, eine Matte oder auf den Boden. Nehmen Sie eine Position ein, die Ihnen angenehm ist.

Beginnen Sie damit, bewusst ein- und auszuatmen. Sie können eine Hand auf den Bauch etwas unterhalb des Bauchnabels legen, damit Sie die Bewegung Ihres Atems besser spüren können. Atmen Sie so für einige Minuten.

Stellen Sie sich dann vor, dass von Ihrem Körper nichts als ein weißes Skelett übrig geblieben ist, das auf der Erde liegt. Atmen Sie ruhig ein und aus, und lächeln Sie Ihrem Skelett zu.

Stellen Sie sich vor, dass all Ihr Fleisch verwest ist und sich aufgelöst hat und dass Ihr Skelett jetzt, achtzig Jahre nach der Beerdigung, in der Erde liegt. Stellen Sie sich ganz deutlich die Knochen von Kopf, Rücken, Rippen, Hüften, Armen und Beinen vor. Behalten Sie Ihr bewusstes Atmen bei und lächeln Sie Ihrem Skelett zu.

Werden Sie sich bewusst, dass Sie nicht dieses Skelett sind. Sie sind nicht nur eine körperliche Form oder nur Gefühle, Gedanken, Handlungen oder Wissen. Sie sind eins mit dem Strom des Lebens. Sie leben in den Bäumen, dem Gras, in anderen Menschen, in den Vögeln und Tieren, im Himmel und in den Wellen des Meeres. Sie sind überall und in jedem Augenblick gegenwärtig.

Meditieren Sie auf diese Weise für ungefähr zwanzig bis fünfundzwanzig Minuten.

Anhang

Ein Tag der Achtsamkeit

Damit unsere Fähigkeit, achtsam zu sein, sich immer stärker in unserem Leben und Alltag verwurzeln kann, ist es hilfreich, regelmäßig einen Achtsamkeitstag einzuplanen. Dabei ist es gleichgültig, um welchen Wochentag es sich handelt. Entscheiden Sie sich für einen, der Ihnen günstig erscheint.

Um einen ganzen Tag Achtsamkeit zu üben, müssen Sie nicht in ein Retreatzentrum fahren, sondern Sie können auch bei sich zu Hause üben. Wenn wir dort aber aus verschiedenen Gründen abgelenkt sind, kann es förderlich sein, alleine oder zusammen mit Freundinnen und Freunden an einem Ort zu praktizieren, an dem Sie Ruhe und Stille finden können.

An einem Tag der Achtsamkeit nehmen wir uns die Zeit, alle unsere Handlungen bewusst auszuführen und in einer konzentrierten Form unser Gegenwärtigsein zu vertiefen. Wichtig ist, dass Sie an diesem Tag nicht aus dem Haus gehen müssen, um zu arbeiten oder einzukaufen. Sie sollten Ihren Tag so einrichten, dass Sie möglichst wenig Ablenkung erfahren. Lesen Sie möglichst keine Zeitung, verzichten Sie auf das Fernsehen und hören Sie auch kein Radio. Zunächst mag dies sehr ungewohnt und vielleicht sogar unangenehm sein. Nach kurzer Zeit werden Sie aber die Stille genießen und spüren, wie sich Ihr Gewahrsein vertiefen wird.

Den Morgen können Sie mit einer Sitzmeditation beginnen und anschließend achtsam Ihr Frühstück einnehmen. Üben Sie dann nur einfache Tätigkeiten aus, wie Staub wischen, aufräumen, kochen, bügeln oder Wäsche waschen. Begleiten Sie all Ihre Tätigkeiten mit Ihrem Gewahrsein.

Machen Sie während des Tages zwei oder drei Spaziergänge von ungefähr einer halben Stunde, möglichst in einem Park oder nahe gelegenen Wald. Genießen Sie dabei Ihren Atem und Ihre Bewegungen.

Sie können an diesem Tag auch in einem inspirierenden Buch lesen, an einen Freund oder eine Freundin schreiben oder achtsam ein Bad nehmen. Bei allem, was Sie tun, ist es wichtig, dass Sie sich doppelt so viel Zeit nehmen wie üblich.

Beenden Sie Ihren Tag der Achtsamkeit mit einer Sitzmeditation.

Wenn Sie zusammen mit Freundinnen und Freunden üben, vereinbaren Sie eine möglichst lange Schweigezeit. Am Ende Ihres Achtsamkeitstages können Sie in einem Kreis zusammenkommen, um sich über Ihre Erfahrungen, Schwierigkeiten und Erfolge auszutauschen.

Die Fünf Achtsamkeitsübungen

Die erste Achtsamkeitsübung

Im Bewusstsein des Leides, das durch die Zerstörung von Leben entsteht, gelobe ich, Mitgefühl zu entwickeln und Wege zu erlernen, das Leben von Menschen, Tieren, Pflanzen und Mineralien zu schützen. Ich bin entschlossen, nicht zu töten, das Töten durch andere zu verhindern und keine Form des Tötens zu dulden, sei es in der Welt, in meinen Gedanken oder in meiner Lebensweise.

Die zweite Achtsamkeitsübung

Im Bewusstsein des Leides, das durch Ausbeutung, soziale Ungerechtigkeit, Diebstahl und Unterdrückung entsteht, gelobe ich, liebevolle Güte zu entwickeln und Wege zu erlernen, die zum Wohlergehen der Menschen, Tiere, Pflanzen und Mineralien beitragen. Ich gelobe Großzügigkeit zu üben, indem ich meine Zeit, Energie und materiellen Mittel mit denen teile, die sie wirklich brauchen. Ich bin entschlossen, nicht zu stehlen und mir nichts anzueignen, was anderen zusteht. Ich will das Eigentum anderer achten, aber auch andere davon abhalten, sich an menschlichem Leiden oder am Leiden anderer Lebensformen auf der Erde zu bereichern.

Die dritte Achtsamkeitsübung

Im Bewusstsein des Leides, das durch sexuelles Fehlverhalten entsteht, gelobe ich, Verantwortungsgefühl zu entwickeln und Wege zu erlernen, die Sicherheit und Integrität von Individuen, Paaren, Familien und der Gesellschaft zu schützen. Ich bin entschlossen, keine sexuellen Beziehungen einzugehen, die nicht von Liebe und der Bereitschaft zu langfristigem Zusammensein getragen sind. Ich bin entschlossen, meine Bindungen und die Bindungen anderer zu respektieren, um unser aller Glück zu erhalten. Ich will alles tun, was in meiner Macht steht, um Kinder vor sexuellem Missbrauch zu schützen und zu verhindern, dass Paare und Familien durch sexuelles Fehlverhalten auseinander brechen.

Die vierte Achtsamkeitsübung

Im Bewusstsein des Leides, das durch unachtsame Rede und aus der Unfähigkeit, anderen zuzuhören, entsteht, gelobe ich, liebevolles Sprechen und tief mitfühlendes Zuhören zu entwickeln, um meinen Mitmenschen Freude und Glück zu bereiten und ihr Leiden lindern zu helfen. In dem Wissen, dass Worte sowohl Glück als auch Leid hervorrufen können, gelobe ich, wahrhaftig und einfühlsam reden zu lernen und Worte zu gebrauchen, die Selbstvertrauen, Freude und Hoffnung fördern. Ich bin entschlossen, keine Neuigkeiten zu verbreiten, bevor ich nicht sicher bin, dass sie der Wahrheit entsprechen, und nichts zu kritisieren oder zu verurteilen, worüber ich nichts Genaues weiß. Ich will keine Worte gebrauchen, die Uneinigkeit oder Zwietracht säen oder zum Zerbrechen von Familien und Gemeinschaften beitragen können. Ich will mich stets um Versöhnung und um die Lösung aller Konflikte bemühen, so klein sie auch immer sein mögen.

Die fünfte Achtsamkeitsübung

Im Bewusstsein des Leides, das durch unachtsamen Umgang mit Konsumgütern entsteht, gelobe ich, für mich selbst, meine Familie und die Gesellschaft auf körperliche und geistige Gesundheit zu achten, indem ich achtsames Essen, Trinken und Konsumieren übe. Ich will das zu mir nehmen, was das Wohl und den Frieden meines Körpers und meines Geistes fördert und was ebenso der kollektiven körperlichen und geistigen Gesundheit meiner Familie und der Gesellschaft dient. Ich bin entschlossen, auf Alkohol oder andere Rauschmittel zu verzichten und keine Nahrungsmittel oder andere Dinge zu konsumieren, die mir schaden könnten, wie z. B. bestimmte Fernsehprogramme, Zeitschriften, Bücher, Filme und Gespräche. Ich bin mir bewusst, dass ich meinen Vorfahren, Eltern, der Gesellschaft und künftigen Generationen Unrecht tue, wenn ich meinen Körper und meinen Geist solch schädigenden Einflüssen aussetze. Ich will daran arbeiten, Gewalt, Angst, Ärger und Verwirrung in mir selbst und in der Gesellschaft zu transformieren, indem ich eine maßvolle Lebensweise übe. Mir ist bewusst, dass eine maßvolle Lebensweise entscheidend ist für meine eigene Veränderung und die Veränderung der Gesellschaft.

Das Sutra über die volle Vergegenwärtigung des Atems

So habe ich gehört:

Zu jener Zeit weilte der Buddha in Savatthi im Östlichen Park, gemeinsam mit vielen wohl bekannten und vielseitig gebildeten Schülern. Unter ihnen waren Shariputra, Maha-Moggallana, Maha-Kassapa, Maha-Kaccayana, Maha-Kotthita, Maha-Kappina, Maha-Cunda, Anuradha, Revata und Ananda.

Die älteren Mönche in der Gemeinschaft unterwiesen mit Eifer und Hingabe diejenigen Mönche, die noch nicht mit der Übung vertraut waren. Einige unterwiesen 10 Schüler, andere 20, einige 30 und andere 40; auf diese Weise machten die Mönche, denen die Übung noch nicht so geläufig war, allmählich große Fortschritte.

In dieser Nacht war Vollmond, und die Gemeinschaft hielt die Pavarana-Zeremonie ab, um das Ende des Regenzeit-Retreats anzuzeigen. Der Buddha, der Erhabene, Vollerwachte, hatte unter freiem Himmel Platz genommen. Seine Schüler, die Mönche, versammelten sich um ihn. Er blickte auf die Versammlung der Mönche und begann zu sprechen:

»Ehrwürdige Mönche, ich bin erfreut, die Ergebnisse zu sehen, die ihr in eurer Übung bereits erzielt habt. Und ich weiß, dass ihr noch größere Fortschritte machen könnt. Was ihr bisher nicht erreicht habt, könnt ihr noch erreichen. Was ihr bisher nicht verwirklicht habt, könnt ihr noch verwirklichen. Um eure Bemühungen zu unterstützen, werde ich hier bleiben bis zum nächsten Vollmondtag.«

Als sie hörten, dass der Buddha noch einen Monat in Savatthi bleiben würde, machten sich Mönche aus dem ganzen Land auf den Weg, um ihn zu hören und bei ihm zu lernen. Die älteren, fortgeschrittenen Mönche fuhren fort, mit noch größerer Hingabe jene Mönche, die mit der Übung noch nicht vertraut waren, zu unterrichten. Dank dieser Hilfe gelang es den neuen Mönchen, allmählich in ihrem Verstehen voranzuschreiten.

Als nun der nächste Vollmondtag gekommen war, nahm der Buddha unter freiem Himmel Platz, blickte auf die Versammlung der Mönche und sprach:

»Mönche, unsere Gemeinschaft ist rein und gut. In ihrem Innersten ist sie ohne nutzloses und überhebliches Gerede, und so verdient sie, Spenden und Gaben zu empfangen und als Feld des Verdienstes betrachtet zu werden. Eine derartige Gemeinschaft gibt es selten, und jeder Pilger, der sie aufsucht, wie weit auch immer er zu reisen hat, wird ihre Achtbarkeit erkennen.

Mönche, in dieser Versammlung gibt es Mönche, die bereits die Frucht der Arhatschaft verwirklicht haben, die jegliche Wurzeln des Leidens vernichtet, jegliche Last abgelegt und Vollkommenes Verstehen und Befreiung erlangt haben. Da gibt es auch Mönche, die bereits die ersten fünf inneren Fesseln durchtrennt und die Frucht der Niemals-Wiederkehr in den Kreislauf von Leben und Tod verwirklicht haben.

Da gibt es Mönche, welche die ersten drei inneren Fesseln gelöst und die Frucht der Einmal-Wiederkehr errichtet haben. Sie haben die Wurzeln von Gier, Hass und Unwissenheit abgeschnitten und müssen nur noch einmal in den Kreislauf von Leben und Tod zurückkehren. Es gibt Mönche, welche die drei ersten Fesseln gelöst und die Frucht des Stromeintritts erlangt haben; sie steuern sicher dem Vollkommenen Erwachen zu. Da sind diejenigen, welche die Vier Verankerungen der Achtsamkeit üben. Da sind Mönche, welche die Vier Rechten Bemühungen üben und andere, die die Vier Grundlagen des Erfolgs üben. Wir kennen Mönche, welche die Fünf Fähigkeiten üben und solche, die die Fünf Kräfte üben. Andere wieder üben die Sieben Faktoren des Erwachens; manche üben den Edlen Achtfachen Pfad. Es gibt Mönche, welche sich in der Entfaltung der Liebenden Güte üben, solche, die sich in der Entfaltung des Mitgefühls üben, andere üben sich in der Entfaltung der Freude, wieder andere in der Entfaltung des Gleichmuts. Es gibt Mönche, welche die Neun Betrachtungen üben und andere, die die Beobachtung der Unbeständigkeit üben. Auch gibt es bereits Mönche, die sich darin üben, die Achtsamkeit auf den Atem zu richten.

II

Mönche, die Methode, den Atem vollkommen bewusst wahrzunehmen, wird, wenn sie beständig entfaltet und geübt wird, reiche Früchte tragen und großen Nutzen bringen. Sie wird zum Erfolg in der Übung der Vier Verankerungen der Achtsamkeit führen. Wird die Methode der Vier Verankerungen der Achtsamkeit beständig entfaltet und geübt, so führt sie zum Erfolg in der Übung der Sieben Faktoren des Erwachens. Die Sieben Faktoren des Erwachens rufen, wenn sie beständig entwickelt und geübt werden, Verstehen und Befreiung des Geistes hervor.

Wie aber kann die Methode, den Atem vollkommen bewusst wahrzunehmen, beständig entwickelt und geübt werden, so dass die Übung reiche Früchte trägt und großen Gewinn bringt?

Das geschieht folgendermaßen, ihr Mönche:

Da begibt sich der Übende in den Wald, zum Fuße eines Baumes oder an einen anderen einsamen Ort, setzt sich mit gekreuzten Beinen in einer stabilen Haltung nieder, hält den Körper gerade aufgerichtet und übt folgendermaßen: Wenn ich einatme, weiß ich, dass ich einatme; und wenn ich ausatme, weiß ich, dass ich ausatme.

1. Bei langem Einatmen weiß ich: »Ich atme lang ein.« Bei langem Ausatmen weiß ich: »Ich atme lang aus.«
2. Bei kurzem Einatmen weiß ich: »Ich atme kurz ein.« Bei kurzem Ausatmen weiß ich: »Ich atme kurz aus.«
3. »Ich atme ein und nehme meinen ganzen Körper bewusst wahr. Ich atme aus und nehme meinen ganzen Körper bewusst wahr.« So ist die Übung.
4. »Ich atme ein und lasse meinen Körper ruhig und friedvoll werden. Ich atme aus und lasse meinen Körper ruhig und friedvoll werden.« So ist die Übung.
5. »Ich atme ein und empfinde ein Gefühl der Freude. Ich atme aus und empfinde ein Gefühl der Freude.« So ist die Übung.
6. »Ich atme ein und empfinde ein Gefühl des Glücks. Ich atme aus und empfinde ein Gefühl des Glücks.« So ist die Übung.
7. »Ich atme ein und nehme die Aktivitäten des Geistes in mir bewusst wahr. Ich atme aus und nehme die Aktivitäten des Geistes in mir bewusst wahr.« So ist die Übung.
8. »Ich atme ein und lasse die Aktivitäten meines Geistes ruhig und friedvoll werden. Ich atme aus und lasse die Aktivitäten meines Geistes ruhig und friedvoll werden.« So ist die Übung.

9. »Ich atme ein und nehme meinen Geist bewusst wahr. Ich atme aus und nehme meinen Geist bewusst wahr.« So ist die Übung.
10. »Ich atme ein und lasse meinen Geist glücklich und leicht werden. Ich atme aus und lasse meinen Geist glücklich und leicht werden.« So ist die Übung.
11. »Ich atme ein und sammle meinen Geist. Ich atme aus und sammle meinen Geist.« So ist die Übung.
12. »Ich atme ein und befreie meinen Geist. Ich atme aus und befreie meinen Geist.« So ist die Übung.
13. »Ich atme ein und beobachte die unbeständige Natur aller Phänomene. Ich atme aus und beobachte die unbeständige Natur aller Phänomene.« So ist die Übung.
14. »Ich atme ein und beobachte das Erlöschen der Begierde. Ich atme aus und beobachte das Erlöschen der Begierde.« So ist die Übung.
15. »Ich atme ein und betrachte die vollkommene Befreiung. Ich atme aus und betrachte die vollkommene Befreiung.« So ist die Übung.
16. »Ich atme ein und betrachte das Loslassen. Ich atme aus und betrachte das Loslassen.« So ist die Übung.

Wird die Methode des achtsamen Atmens in Übereinstimmung mit diesen Anweisungen beständig entwickelt und geübt, so trägt sie reiche Früchte und ist von großem Gewinn.

III

In welcher Weise nun entfaltet und übt man beständig die auf den Atem gerichtete Bewusstheit, um mit Erfolg die Vier Verankerungen der Achtsamkeit zu üben?

Wenn der Übende lang oder kurz ein- oder ausatmet und dabei seinen Atem oder den ganzen Körper bewusst wahrnimmt oder wenn er wahrnimmt, dass sein Körper dadurch ruhig und friedvoll wird, so verweilt er friedvoll bei der Beobachtung des Körpers im Körper, ist beharrlich und vollkommen wach, versteht klar seinen Zustand und ist über jedes Verlangen wie auch jedes Gefühl der Abneigung dem Leben gegenüber hinausgelangt. Diese Übungen des Atmens in voller Achtsamkeit gehören zur ersten Verankerung der Achtsamkeit: dem Körper.

Wenn der Übende ein- oder ausatmet und dabei ein Gefühl der Freude oder des Glücks empfindet oder die Aktivitäten des Geistes bewusst wahrnimmt oder die Aktivitäten des Geistes dabei ruhig und friedvoll werden lässt, so verweilt er friedvoll bei der Beobachtung der Gefühle in den Gefühlen, ist beharrlich und vollkommen wach, versteht klar seinen Zustand und ist über jedes Verlangen wie auch jedes Gefühl der Abneigung dem Leben gegenüber hinausgelangt. Diese Übungen des Atmens in voller Achtsamkeit gehören zur zweiten Verankerung der Achtsamkeit: den Gefühlen.

Wenn der Übende ein- oder ausatmet und dabei seinen Geist bewusst wahrnimmt, wenn er ihn durch den Atem glücklich und leicht werden lässt oder zu sammeln trachtet oder zu befreien sucht, so verweilt er friedvoll bei der Beobachtung des Geistes im Geist, ist beharrlich und vollkommen wach, versteht klar seinen Zustand und ist über jedes Verlangen wie auch jedes

Gefühl der Abneigung dem Leben gegenüber hinausgelangt. Diese Übungen des Atmens in voller Achtsamkeit gehören zur dritten Verankerung der Achtsamkeit: dem Geist. Ohne die volle Bewusstheit des Atmens können meditative Stabilität und Verstehen nicht wachsen.

Wenn der Übende ein- oder ausatmet und dabei die grundlegende Unbeständigkeit aller Phänomene (Dharmas) oder das Erlöschen der Begierde oder die Befreiung oder das Loslassen betrachtet, so verweilt er friedvoll bei der Beobachtung der Geistesobjekte in den Geistesobjekten, ist beharrlich und vollkommen wach, versteht klar seinen Zustand und ist über jedes Verlangen wie auch jedes Gefühl der Abneigung dem Leben gegenüber hinausgelangt. Diese Übungen des Atmens in voller Achtsamkeit gehören zur vierten Verankerung der Achtsamkeit: den Geistesobjekten.

Wird die Übung, den Atem vollkommen bewusst wahrzunehmen, beständig entfaltet und geübt, so führt sie zur vollkommenen Verwirklichung in den Vier Verankerungen der Achtsamkeit.

IV

Überdies können die Vier Verankerungen der Achtsamkeit, werden sie beständig entfaltet und geübt, zu vollkommenem Verweilen in den Sieben Faktoren des Erwachens führen. Wie ist dies möglich?

Wenn der Übende in der Lage ist, ohne Ablenkung bei der Übung zu bleiben, den Körper im Körper zu beobachten, die Gefühle in den Gefühlen, den Geist im Geist, die Geistesobjekte in den Geistesobjekten, wenn er also beharrlich und völlig wach ist, klar seinen Zustand versteht und über jedes Verlangen wie auch jedes Gefühl der Abneigung dem Leben gegenüber hinausgelangt ist, er somit unerschütterlich, standhaft und unbeirrbar im gegenwärtigen Moment weilt, dann hat er den ersten Faktor des Erwachens erreicht, nämlich die Achtsamkeit. Ist dieser Faktor entfaltet, wird er zur Vollkommenheit gelangen.

Wenn der Übende ohne Ablenkung mit seiner Aufmerksamkeit ganz im gegenwärtigen Moment verweilen kann und jedes Dharma, jedes Geistesobjekt, das sich im Bewusstsein erhebt, ergründen kann, dann wird in ihm der zweite Faktor des Erwachens geboren und entwickelt, der Faktor der Dharma-Ergründung. Wenn dieser Faktor entfaltet ist, wird er zur Vollkommenheit gelangen.

Wenn der Übende ohne Ablenkung jedes Dharma in einer steten, beharrlichen und unerschütterlichen Weise beobachten und ergründen kann, so wird der dritte Faktor des Erwachens in ihm geboren und entwickelt, der Faktor der Tatkraft. Wenn dieser Faktor entfaltet ist, wird er zur Vollkommenheit gelangen.

Wenn der Übende dauerhaft und unerschütterlich im Energiestrom der Übung verweilen kann, so wird der vierte Faktor des Erwachens in ihm geboren und entwickelt, der Faktor der Freude. Wenn dieser Faktor entfaltet ist, wird er zur Vollkommenheit gelangen.

Wenn der Übende ohne Ablenkung im Zustand der Freude verweilen kann, empfindet er seinen Körper und Geist als vollkommen leicht und ruhig. Ist er hier angelangt, so wird der fünfte Faktor des Erwachens in ihm geboren und entwickelt, der Faktor der Leichtigkeit und Ruhe. Wenn dieser Faktor entfaltet ist, wird er zur Vollkommenheit gelangen.

Wenn sowohl Körper als auch Geist vollkommen leicht und ruhig sind, kann der Übende mühelos in den Zustand der Sammlung eingehen. Ist er hier angelangt, so wird der sechste Faktor des Erwachens in ihm geboren und entwickelt, der Faktor der Sammlung. Wenn dieser Faktor entfaltet ist, wird er zur Vollkommenheit gelangen.

Wenn der Übende vollkommen ruhig in Sammlung verweilt, unterscheidet und vergleicht er nicht länger. Ist er hier angelangt, so wird der siebte Faktor des Erwachens in ihm befreit, geboren und entwickelt, der Faktor des Gleichmuts. Wenn dieser Faktor entfaltet ist, wird er zur Vollkommenheit gelangen. Auf diese Weise können die Vier Grundlagen der Achtsamkeit, wenn sie beständig entfaltet und geübt werden, zur vollkommenen Ausbildung der Sieben Faktoren des Erwachens führen.

V

Wie aber können die Sieben Faktoren des Erwachens, wenn sie beständig entfaltet und geübt werden, zur vollkommenen Ausbildung wahren Verstehens und vollständiger Befreiung führen?

Wenn der Übende dem Pfad der Sieben Faktoren des Erwachens folgt, in Zurückgezogenheit lebt und sich der Beobachtung und Betrachtung des Erlöschens der Begierde widmet, wird er die Fähigkeit zum Loslassen entwickeln. Diese Fähigkeit verdankt er seinem Voranschreiten auf dem Pfad der Sieben Faktoren des Erwachens. Sie führt zur vollkommenen Ausbildung wahren Verstehens und zu vollständiger Befreiung.«

VI

So sprach der Erhabene, der Vollerwachte, und alle Versammelten empfanden Dankbarkeit und Freude, diese Lehren gehört zu haben.

Anapanasati Sutta, Majjhima Nikaya 118

Übersetzung: Tom Geist

Das Sutra über die Fünf Arten, den Ärger zu beenden

So habe ich gehört:

Einst weilte der Buddha im Anathapindika-Kloster im Jeta-Hain in der Nähe der Stadt Savatthi. Eines Tages sagte der Ehrwürdige Shariputra zu den Mönchen: »Freunde, heute möchte ich die Fünf Arten, den Ärger zu beenden, mit euch teilen. Bitte hört aufmerksam zu und setzt in Praxis um, was ich lehre.«

Die Mönche waren einverstanden und hörten aufmerksam zu.

Dann sagte der Ehrwürdige Shariputra: »Welches sind diese Fünf Arten, den Ärger zu beenden?

Dies ist die erste Art und Weise: Meine Freunde, wenn es jemanden gibt, dessen körperliche Handlungen nicht freundlich sind, dessen Worte aber freundlich sind, dann werdet ihr, wenn ihr Ärger fühlt gegenüber dieser Person und weise seid, wissen, wie ihr meditieren müsst, um euren Ärger zu beenden.

Meine Freunde, nehmen wir an, es gibt einen Mönch, der Askese praktiziert und eine Flickenrobe trägt. Eines Tages kommt er an einem Müllhaufen vorbei, der voller Exkremente, Urin, Schleim und vieler anderer schmutziger Dinge ist, und sieht in dem Haufen ein unversehrtes Stück Stoff. Mit seiner linken Hand nimmt er das Stoffstück auf, nimmt das andere Ende in seine Rechte und breitet es aus. Er bemerkt, dass dieses Stück Stoff nicht zerrissen ist und nicht befleckt von Exkrementen, Urin, Speichel oder anderen Arten von Schmutz. Deshalb faltet er es zusammen und legt es beiseite, um es nach Hause zu bringen, zu waschen und in seine Flickenrobe einzunähen. Meine Freunde, wenn jemandes körperliche Handlungen nicht freundlich sind, seine Worte aber sind freundlich, dann sollten wir, wenn wir weise sind, seinen unfreundlichen körperlichen Handlungen keine Beachtung schenken und nur auf seine freundlichen Worte achten. Das wird uns helfen, unseren Ärger zu beenden.

Meine Freunde, dies ist die zweite Art und Weise: Wenn ihr ärgerlich werdet auf jemanden, dessen Worte nicht freundlich sind, dessen körperliche Handlungen aber freundlich sind, dann werdet ihr, wenn ihr weise seid, wissen, wie ihr meditieren müsst, um euren Ärger zu beenden.

Meine Freunde, nehmen wir an, dass es nahe beim Dorf einen tiefen See gibt, und die Oberfläche des Sees ist bedeckt mit Algen und Gras. Jemand, der sehr durstig ist und sehr unter der Hitze leidet, nähert sich dem See. Er legt seine Kleidung ab, springt ins Wasser, schiebt mit seinen Händen die Algen und das Gras beiseite und genießt das Baden und das Trinken des kühlen Wassers des Sees. Genauso ist es mit jemandem, dessen Worte nicht freundlich sind, dessen körperliche Handlungen aber freundlich sind. Schenkt den Worten dieser Person keine Beachtung. Achtet nur auf ihre körperlichen Handlungen, damit ihr euren Ärger beenden könnt. Jemand, der weise ist, sollte auf diese Weise praktizieren.

Hier ist die dritte Art und Weise, meine Freunde: Wenn es jemanden gibt, dessen körperliche Handlungen und Worte nicht freundlich sind, der aber noch ein wenig Freundlichkeit in seinem Herzen hat, dann werdet ihr, wenn ihr Ärger fühlt gegenüber dieser Person und weise seid, wissen, wie ihr meditieren müsst, um euren Ärger zu beenden.

Meine Freunde, nehmen wir an, jemand geht auf eine Wegkreuzung zu. Die Person ist schwach, durstig, arm, ihr ist heiß, sie hat Kummer und entbehrt viel. Als sie die Kreuzung erreicht, sieht sie den Fußabdruck eines Büffels, in dem ein wenig abgestandenes Regenwasser steht. Sie denkt bei sich: ›Es ist sehr wenig Wasser in diesem Fußabdruck des Büffels. Wenn ich es mit meiner Hand oder einem Blatt herausschöpfe, werde ich es aufrühren, und es wird schlammig und untrinkbar werden. Deshalb muss ich niederknien, Arme und Knie auf die Erde stützen, meine Lippen direkt ans Wasser bringen und so trinken.‹ Ohne zu zögern tut sie dies. Meine Freunde, wenn ihr jemanden seht, dessen körperliche Handlungen und Worte nicht freundlich sind, in dessen Herz aber noch ein wenig Freundlichkeit ist, dann schenkt den Handlungen und Worten dieser Person keine Beachtung, sondern achtet auf die kleine Freundlichkeit in ihrem Herzen, damit ihr euren Ärger beenden könnt. Jemand, der weise ist, sollte auf diese Weise praktizieren.

Dies ist die vierte Art und Weise, meine Freunde: Wenn es jemanden gibt, dessen Worte und körperliche Handlungen nicht freundlich sind und in dessen Herz nichts ist, das man Freundlichkeit nennen kann, dann werdet ihr, wenn ihr Ärger fühlt gegenüber dieser Person und weise seid, wissen, wie ihr meditieren müsst, um euren Ärger zu beenden.

Meine Freunde, nehmen wir an, jemand ist auf einer langen Reise und wird krank. Er ist allein, völlig erschöpft und weit entfernt von jedem Dorf. Er fällt in Verzweiflung und weiß, er wird noch vor dem Ende seiner Reise sterben. Wenn in diesem Moment jemand des Weges kommt und die Lage des Mannes sieht, nimmt die Person sofort die Hand des Mannes und führt ihn in das nächste Dorf; dort sorgt sie für ihn, behandelt seine Krankheit und stellt sicher, dass er alles hat, was er an Kleidung, Medizin und Nahrung braucht. Dank dieses Mitgefühls und dieser liebenden Güte ist das Leben des Mannes gerettet. Wenn ihr, meine Freunde, jemanden seht, dessen Worte und körperliche Handlungen nicht freundlich sind, und in dessen Herz nichts ist, das man Freundlichkeit nennen kann, dann überlegt euch dies: ›Jemand, dessen Worte und körperliche Handlungen nicht freundlich sind und in dessen Herz nichts ist, das man Freundlichkeit nennen kann, ist jemand, der tiefes Leiden erfährt. Wenn er keinen guten spirituellen Freund findet, wird er keine Möglichkeit haben, sich zu verändern und in die Bereiche des Glücklichseins einzutreten.‹ Wenn ihr so denkt, werdet ihr fähig sein, euer Herz in Liebe und Mitgefühl für diese Person zu öffnen. Ihr werdet fähig sein, euren Ärger zu beenden und dieser Person zu helfen. Jemand, der weise ist, sollte auf diese Weise praktizieren.

Meine Freunde, dies ist die fünfte Art und Weise: Wenn es jemanden gibt, dessen körperliche Handlungen freundlich sind, dessen Worte freundlich sind und dessen Geist ebenfalls freundlich ist, dann werdet ihr, wenn ihr Ärger fühlt gegenüber dieser Person und weise seid, wissen, wie ihr meditieren müsst, um euren Ärger zu beenden.

Meine Freunde, nehmen wir an, dass es nahe beim Dorf einen sehr schönen See gibt. Das Wasser im See ist klar und süß, das Bett des Sees ist flach, die Ufer des Sees sind üppig bewachsen mit grünem Gras, und um den See herum spenden schöne frische Bäume Schatten. Jemand, der Durst hat, unter der Hitze leidet und dessen Körper schweißbedeckt ist, kommt zu dem See, legt seine Kleidung ab, lässt sie am Ufer zurück, springt ins Wasser und findet großes Behagen und Freude daran, das reine Wasser zu trinken und in ihm zu baden. Seine Hitze, sein Durst und sein Leiden verschwinden auf der Stelle. Ebenso ist es, meine Freunde, wenn ihr jemanden seht, dessen körperliche Handlungen freundlich sind, dessen Worte freundlich sind und dessen Geist ebenfalls freundlich ist; richtet eure Aufmerksamkeit auf seine ganze Freundlichkeit in Körper, Rede und Geist und erlaubt es weder Ärger noch Eifersucht, euch zu überwältigen. Wenn ihr nicht wisst, wie ihr glücklich mit jemandem leben könnt, der auf diese Weise frisch ist, kann man von euch nicht sagen, dass ihr Weisheit habt.

Meine lieben Freunde, ich habe die Fünf Arten, den Ärger zu beenden, mit euch geteilt.«

Als die Mönche die Worte des Ehrwürdigen Shariputra hörten, waren sie glücklich, sie zu empfangen und in Praxis umzusetzen.

Madhyama Agama 25

Übersetzung: Margit Irgang

Anschriften

Spirituelles Zentrum von Thich Nhat Hanh

Plum Village
New Hamlet
13 Martineau
F-33580 Dieulivol
Tel.: 00 33 5 56 61 66 88
Fax: 00 33 5 56 61 61 51
E-Mail: NH-office@plumvillage.org

Nähere Informationen für Deutschland

Gemeinschaft für achtsames Leben, Bayern e.V.
Dr. Thomas Barth
Abt Häfele Str. 21
85560 Ebersberg
Tel.: 0 80 92-85 19 940
Fax: 0 80 92-8519 941
E-Mail: info@gal-bayem.de

Nähere Informationen und Seminarangebote für die Schweiz

Meditationszentrum Haus Tao
Marcel Geisser
CH-9427 Wolfhalden
Tel.: 00 41 7 18 88 41 83
E-Mail: tao@haustao.ch

Seminarangebot für Deutschland

InterSein Zentrum für Leben in Achtsamkeit
– Haus Maitreya –
Unterkasthof 50
94545 Hohenau
Tel.: 0 85 58 92 02 52
Fax: 0 85 58 92 04 34
E-Mail: post@intersein-zentrum.de